일산 법상스님의
대비주 수행 예화편

내 생에 단 한번 뿐인,

오늘

부처님을 모신 우리는
눈부신 태양
빛나는 깃발

기도를 지극하게 하는 사람은 그날 할 일을 그날 한다.
피하는 마음, 미루는 습관을 씻어버려라.
"내일 가도 오늘밖에 없다."

일산 법상스님의
대비주 수행 예화편

내 생에 단 한번 뿐인,

오늘

일산 법상 지음

비움과소통

대비주는 언제나
최상의 길을 길을 여십니다.

　수행은 자기 스스로에게 주는 최고의 선물이다.

　수행은 자기만 이로운 것이 아니고 인연 있는 모든 분들에게 이로움을 주게 되는 자리이타행이기도 하다.

　수행을 통해서 업장을 소멸하고, 수행을 통해서 원을 성취하고, 수행을 통해서 결국에는 성불할 수 있기 때문에 최고의 선물이라고 할 수 있는 것이다.

　우리 삶에는 많은 어려움들이 있다.

　몸병 마음병 인연병으로 해서 겪는 갈등 등으로 우리는 삶을 고통스러워 한다.

　대비주 수행으로 고통과 어려움을 극복한 예화들을 통해 수행에서 얻어진 지혜가 어떻게 우리 현실에 적용되고 반영되는지, 또 어떠한 과정으로 심신상관의 여러 가지 고통들이 치유되고 있는지 알 수 있다.

　부처님의 고집멸도苦集滅道 사성제四聖諦의 원리에 대한 교훈의 일화들이다.

'오늘' 이라는 이 시간을 오래된 미래로 여기며 산 우리 삶의 현장 모습들이기도 하다.

누구나 겪을 수 있는 일이기도 하며 현재 상황일 수도 있다.

수행을 통해 지혜를 솟아나게 하는 일이 얼마나 중요한지, 또 늘 다가오는 매일의 오늘을 어떻게 잘 살아야 하는지에 대한 지혜자비의 본보기들이다.

고통으로 여기며 받으면 괴롭지만 받아들이면 즐겁고 또 문제로 받으면 커지지만 받아들이면 줄어든다. 받아드리면 줄어든다. 문제가 축복으로 바뀐다.

문제에는 반드시 원인과 답이 있다. 또한 해결한 뒤의 편안해진 결과가 있다.

이것이 곧 사성제의 원리이다.

수행 하면서 우리가 사는 세상의 이치를 터득해 나아가는 것은 부처님의 진리의 수레바퀴를 지혜롭게 자비롭게 우리 삶에서 굴리는 일이 될 것이다.

지성심, 자비심, 신심으로 행복한 내비주 수행을 함께 합시다.

불기 2557년 부처님오신날에
덕양선원 일산 법상 합장

목차

1 백 명을 살린 일

자기 몸, 인간관계, 환경, 속박에 걸리고 흔들리는
그 모든 것은 내 마음의 깨달음이 시작이다.
천인, 만인과 더불어 걸림이 다 없어졌을 때 자유로워진다.

어느 거사님의 이야기이다.

한 사건이 있었다.

고등학교 1학년 때 교실에서는 친구와 장난을 치며 논다.

고등학교 1학년쯤 되면 장난치는 것이 과격하다.

특히 남학생의 경우는 깜짝 놀랄 만큼 위험하게 장난을 치는 것이 일쑤이다.

날아다니듯이 책상 위를 뛰어다니기도 하며 장난을 지고 논다. 발을 헛디디기라도 하면 크게 다칠 우려도 있다.

어느 날, 친구 둘이는 책상 위를 뛰어다니며 장난을 치고 놀다가 그만 발을 헛디디는 바람에 머리를 부딪치면서 친구가 죽게 되었다.

학교는 이 사건으로 발칵 뒤집혔다.

경찰 조사에 따르면 '사고사'라는 결론이 났다. 그러나 남은 친구는 엄청난 자책감에 시달렸다.

과격하게 장난을 치지만 않았더라도… 또 장난을 치더라도 친구와 부딪치지만 않았더라면 죽음까지는 가지 않았을 것이다, 하는 깊은 후회였다. 그는 죄책감에 잠을 자다가도 놀라 깨어나기 일쑤였으며 죄의식에 시달리기 시작했다. 마음속 깊은 짐으로 20여 년 동안을 그렇게 괴로움을 안고 살아왔다.

그가 대비주 수행과 인연이 되었다.

수행 하는 가운데 처음에는 잡념이 쏟아지다가 최근 것이 떠오르고, 서서히 오래 된 것이 떠오르고, 그러다가 고등학교 1학년 때 있었던 그 일이 생생하게 떠오르게 되었다.

고개를 흔들면서, 눈을 크게 뜨고, 잡념에서 벗어나려고 애를 쓰면서 고성정진을 한다.

까~맣게 잊어버리기를 원했고, 덮어버리기를 원했던 그 기억이 새롭게 떠오르는 것이다. 그 장면, 넘어질 때 부딪치는 소리, 친구가 죽었을 때 느꼈던 충격과 놀라움, 죄책감,

일산 법상스님의 대비주 수행 예화편

죄의식, 이런 것들이 다시 생생하게 재경험이 되어진다.

더욱 지극하게 대비주를 독송을 하게 된다.

계속 하다보니 이제 보고 듣고 느끼는 가운데 그 충격이 서서히 사라지기 시작 한다.

엷어진다. 그 기억을 떠올려도 이제는 아무렇지 않게 덜 괴롭다.

눈물을 흘리면서 참회가 일어나고, 그 기억으로 인해 뭉쳐져 있던 응어리가 풀리기 시작한다.

누가 손가락질 한 것도 아니고, 또 책임을 묻는 것도 아니고, 누가 괴로우라고 시킨 것도 아닌데, 스스로 괴로움에 빠져 살았다는 깨달음이 문득 들었다.

내가 20년 전에 한 명 죽은 일로 인해서 20년 동안을 스스로 괴로움에 빠져 자신을 학대하며 살았구나, 하는 느낌이며 깨달음이었다.

'아! 왜 진작 10명, 100명 살릴 생각을 못했을까?' 하는 깨달음이었다.

오히려 힘이 확 솟아났다.

앞으로는 10명, 100명 살릴 수 있는 삶을 살아야 되겠구나, 다짐을 하자 환희의 눈물, 기쁨의 눈물이 하염없이 흘렀다.

이제야 그토록 스스로가 자신을 학대한 괴로움에서 벗어날 수가 있었다.

그는 확고한 원이 생겼고, 또 원이 확고하니 힘이 따라붙었다.

이것이 바로 원력임을 알았다.

그는 심장병 어린이 수술비 후원을 하기 시작하였고, 지금도 많은 어린이들의 수술비를 지원하고 있다.

자비행을 펼치자 하는 일이 잘 되고 오히려 경제적으로 더욱 여유로워지고 있다.

[해 설]

자기 자신이 어떤 존재인가?

비교할 수 없이 절대적으로 귀한 존재이다. 유일자唯一者이다.

절대적 유일자인 내 안에는 무궁한 잠재력이 이미 갖추어져 있다.

따라서 무한한 가능성을 지닌 존재다 하는 것을 바로 볼 줄 알아야 한다.

그러므로 자기 스스로를 사랑하기 시작하면서부터 외부에서 구하는 것을 졸업하게 된다.

스스로를 사랑할 때 다른 사람들에게 진심어린 사랑을 실천할 수가 있게 되는 것이다.

그렇게 될 때에 비로소 세상도 자기를 사랑하기 시작한다.

대비주 수행을 통해서, 이 거사님처럼 자책감, 근심 걱정, 혹은 원망, 의심과 두려움을 놓아버릴 수 있다.

탐진치 삼독심을 놓아버려 먹구름이 걷힐 때, 본래의 찬란한 햇살이 비추이는 푸른 하늘이 새로 생겨나는 것이 아니라 있는 그것이 그대로 드러나는 것이다.

탐진치 삼독심을 놓아버릴 때에 오늘 이 땅, 내 삶 전체, 지금 여기가 풍요롭고 아름다운 자비궁전 지혜자리가 되는 것이다.

더 없이 중요한 것은 다른 사람들에게 베푸는 것이 나에게서 늘어난다는 것이다.

주는 것이 주는 자 안에서 주는 그것이 풍성해지는 것이다.

베풀기 시작하면서 우리의 삶은 풍요로워진다.

2 미운 마음 뿌리 뽑다

나 스스로 그 감정을 불렀다는 사실을 인정하라.
인정 후 그것을 놓아 주어라.
내 마음속이 변화되었을 때
세상이 바뀌는 것을 발견한다

남편을 미워한 여인이 있었다.

그녀는 어렸을 때부터 미움이 많았다.

자랄 때는 늘 과음과 폭력을 휘두르는 아버지가 무엇으로도 표현할 수 없을 만큼 원망스럽고 불편했고 미웠다.

그녀가 학교를 다닐 때는 잘난 척 하는 친구가 미웠고, 나보다 더 뛰어난 능력을 가진 직장동료가 미웠다.

그렇게 청춘의 시간을 보내고 결혼을 했다,

결혼을 하면 미운 아버지와도 헤어지고, 미웠던 친구와도 떨어지고, 직장에서도 퇴직을 했으니까 미운 사람이 이제는 없을 것이라 생각했다.

그녀는 이제 살맛나는 세상이다 싶었다.

그런데 웬걸?

점차로 시어머니가 미워지기 시작했다.

시어머니를 미워하면 안 된다는 자책감에 시달렸다.

다시 괴로워지기 시작했다.

그녀는 시어머니가 밉다가 이제는 아이가, 또 아이들이 자라나면서 이번에는 자기 친정아버지가 밉듯이 친정어머니가 아버지를 미워했듯이 자기도 남편이 미워지기 시작하는 것이다.

과음을 하고 폭행을 일삼았던 친정아버지를 피해 결혼을 했었다.

그런데 착한 사람으로 알았던 남편에게서는 친정아버지의 모습이 똑같이 재현되고 있었다.

어느 날, 그녀는 깜짝 놀랄 일을 경험 한다.

그날도 남편은 과음을 하고 와서 폭언, 폭행을 벌이다가 잠이 들었다.

남편이 술이 취해 잠자는 모습을 보면서 죽이고 싶다는 극도로 미운 마음이 일어났다. 더욱 놀란 것은 흉기를 가지고 남편을 찔러서라도 죽이고 싶은 충동이 일어나는 것이다.

아주 찰나적인 생각이었지만 놀란 그녀는 마음을 가다듬기가 힘들었다.

부처님께 귀의해 지극하게 부처님 진리에 충실하려는 그녀는 이것이 자신의 진심眞心인 줄을 안다.

사랑만이 진실이라는 사실을 이치로 알고 있지만 마음에서는 해결이 안 된다.

나에게 정신적인 문제가 있는 것은 아닌가, 자기 스스로 놀랐다.

그녀는 인연이 된 대비주 수행을 스님의 지도 아래 시작을 했다.

극심하게 올라오는 미운 마음이 해결되기를 바라는 원을 가지고 대비주를 스님의 목탁소리에 맞추어 고성으로 독송을 하기 시작했다.

대비주를 외우는데도 불구하고 대비주를 외우면 외울수록 미운 마음이 사라지는 것이 아니라, 예전에 남편이 미운 짓을 했던 것까지 다시 생각이 나서 미움이 더 커지는 늣이 느껴졌다.

새벽이 가까워 올 때쯤에 한 생각이 일어난다.

'내 입맛에 안 맞는다고, 그런 유형의 모습을 보이는 사람마다 내가 여태 미워하며 살았구나, 바로 나의 문제로구나', 하는 것을 알게 되었다.

그 깨달음은 잡념처럼 다가왔다가 사라지는 가운데 일어났다.

환상처럼 어떤 장면이 보이기도 하면서 깨달음이 일어났다.

새벽이 지나고 아침이 다가오도록 그녀는 계속해서 정진을 했다,

대비주를 독송하는 가운데 문득, 친정어머니의 모습이 떠오른다.

어머니의 모습을 떠올리면서 가슴이 아파지기 시작한다.

지금껏 고생하면서 살아오신, 한번도 행복한 나날이 없었을 것 같은 어머니다.

그녀는 그녀대로 삶에 힘겨워 제대로 효도도 못하면서 살아가고 있구나, 이런저런 생각이 지나간다.

어머니의 모습이 떠오르면서 그녀는 어머니가 되는 듯한 느낌을 갖게 된다.

어머니의 몸이 되고 어머니의 마음이 되어서, 어머니의 심신의 컨디션을 생생하게 느끼는 듯한 체험을 하게 된다.

젊은 시절 어머니가 자기를 임신 했을 때의 모습이 떠오른다.

그때 어머니는 이미 위로 딸을 여러 명 낳았었다.

어머니는 아들을 꼭 낳아야 됐는데 딸만 계속 낳으니 시부모님들의 구박이 시작되었다. 어머니의 기분은 늘 우울했고 눈치를 보면서 살고 있었다.

그녀의 아버지는 그 시절 공기업의 모체가 된, 소위 잘 나가는 회사에 다니고 있었다.

인물도 잘생기고 멋도 부릴 줄 아는 분이셨다. 검정 양복에 넥타이를 매고 백구두를 신고 다니는 멋쟁이였다.

그런 아버지가 부모님의 성화에 못 이겨 후손을 보기 위해 작은 여자를 만들었다.

그녀의 어머니는 대가족 살림을 하고, 아버지는 젊고 예쁜 새 여자를 얻어서 둘이 직장생활을 했다.

어머니는 그 상황에서 또 임신이 되었고 그녀가 태어나게 된 것이다.

어머니 모습이 떠오르면서 어머니가 된 듯이 그때 그 상황 그대로 어머니와 붙어서, 하나가 된 자리에서 그것을 보고, 듣고, 느끼면서 대비주를 계속해서 독송을 하고 있었다.

어느 날, (어머니이지만, 어머니가 아닌 그녀인 채로) 남편이 퇴근을 해 온다.

양복을 입고 백구두를 신고, 아주 멋을 잔뜩 부린 모습인데 혼자 퇴근해 오는 것이 아니고 젊고 예쁜 여자와 같이 퇴근을 해 온다.

그리고는 남편은 '밥 차려라' 라고 지시를 한다.

밥을 차리고 남편은 그 여인과 겸상으로 저녁을 먹고, 그녀(어머니)는 아끼느라 한 번도 사용하지 않은 새 이부자리를 펴고 두 남녀가 한 방에서 잠을 자는 모습을 눈물을 흘리면서 보게 되었다. 어머니의 분신이 되어서…

충격을 겪으면서 어머니가 느꼈을 그 놀라움, 충격, 아픔, 극심한 미움, 어쩔 줄 모르는 황당함, 이런 마음을 느끼게 된다,

그녀는 몸부림이 나왔지만 이럴 때 그 느낌보다 더 큰

일산 법상스님의 대비주 수행 예화편

신심을 가지고 대비주를 해야 한다고 가르침을 주시므로 통곡의 고성으로 독송할 수밖에 없었다.

두 남녀가 한 방에서 잠을 자는 모습을 상상하며 밤새 어머니는 그 방을 향해 극심한 미움을 겪었고, 생각 같아서는 흉기를 가지고 남녀가 자는 방에 들어가 두 사람을 죽이고 싶은, 극도의 살의殺意를 느끼는 모습이 떠오른다. 지금 그녀에게 어머니의 그때 그 마음이 생생하게 느껴지는 것이다

엄마 마음이 내 마음이고, 내 마음이 엄마 마음인 그 하나의 마음이 지금 경험이 되고 있는 것이었다.

눈물 콧물을 흘리면서 참회가 되었고 미운 마음이 사라지고 아픔이 사라지고, 어머니의 뱃속에 있던 그녀, 태어날 때부터 밉고 마음이 위축되어 있고, 또 다른 사람의 눈치를 보는, 그 성격이 어머니의 그때의 마음과 같이 이 세상에 태어나면서부터 평생 동안 따라다니는 습성이 됐구나, 하는 것을 알게 되었고 그녀는 한없이 마음이 아팠다.

이런 일이 있은 후에 어머님께 여쭈어보니 어머니에게 그런 사실이 있었다고 한탄 하셨다.

그 후 방하착! 놓아 버리는 수행을 그녀는 더욱 치열하게 하기 시작했다.

[해 설]

미움은 탐진치 삼독심을 대표하는 삼독심 중의 한 마음이다.

내 마음속에 미운 마음, 진심이 있는 한은 가는 곳마다 얼굴만 바뀌어 계속해서 미운 사람이 꼬리에 꼬리를 물고 만나지게 된다,

반복적으로 경험을 하게 되는 것이다.

내 삶 가운데 '어떤 사람이 밉다, 내가 오늘 만나는 사람 가운데에 미운 사람이 있다' 라고 하는 것은 그 미운 사람이 사실은 성현의 화현으로 메세지를 주고 계시는 것이다.

행복해 지려면, 부자로 살고 싶거든, 성취의 나날을 이어가려면 네 근본 문제인 미움을 빨리 해결해라, 이렇게 메세지를 전해 주시는 분이다.

마음 안에 있는 것이 삶으로 나타나기 때문에, 내 마음속에 있는 진심의 뿌리가 완전히 뽑혀 버리면 점차로 그 미운 짓 하는 사람이 미운 짓을 안 하게 된다.

미운 짓 하는 사람을 바꾸려고 애써 노력하기 보다도, 내 마음을 내가 닦는 것이 훨씬 정확하고 빠른 길이다.

근본적인 해결책은 자기 마음속의 탐진치를 다 방하착, 놓아버려서 원願과 비悲와 지智, 자비심과 지혜를 회복하는 것이 근본적으로 해결할 수 있는 길이다.

3 마음에서 원하면 현실에서 경험된다

마음이 운명을 결정짓는다.
마음이 밝아지면 몸이 밝아지고 표정이 밝아진다.
기도수행은 관념적인 것이 아니다. 현실이다.

사업을 하는 40대 후반의 거사님이다.

사업으로 성공을 거두고, 사회활동도 왕성하게 하는 분이다.

그런데 이 분은, 수시로 낮에도 걷잡을 수 없이 졸음이 쏟아지는 증상을 겪고 있었다. 그것도 갑자기 잠이 쏟아지는 것이다.

졸음은 누구나 경험을 하였을 것이다. 그러나 졸음이 쏟아진다고 다 병적인 정도는 아닐 것이다. 오히려 불면증을 호소하는 경우가 더욱 많다고 여겨진다. 그런데 이 분은 갑자기, 그것도 수시로 잠이 쏟아지는 것이 문제였다.

중요한 대화를 나누다가도 갑자기 졸음이 쏟아지고, 또 사업 거래를 위해 상담하는 자리에서도 갑자기 졸음이 쏟아지므로 곤란한 일이 많았다.

위험천만한 깃은 운진할 때이다.

운전을 하다가 갑자기 졸음이 쏟아지면 차를 멈추고 쉬기도 전에, 그냥 잠 속으로 빠져 들고 싶은 충동이 일어난다. 그래서 아무데서나 차를 멈추고 무조건 쉬어야 했다.

대형사고가 일어날 아주 위험스러운 상황이 되곤 했다.

병원에 가서 여러 가지 검사를 받았다. 우선 뇌파검사 결과는 이상이 없다는 것이다. 수면다원검사를 한 결과, 잠을 잘 때 분명히 잠을 자는데 가끔씩 무호흡증상이 있다는 결과뿐이었다.

여러 가지 검사 결과는 수술할 단계는 아니라고 하니 우선은 그래도 안심이 되기는 했다.

그러나 이대로 견딜 수는 없는 노릇이었다.

치료 방법으로는 약물 복용과 졸음이 오지 않아도 세 시간 단위로 의도해서 잠깐씩 잠을 자라는 처방이었다.

그러나 사회생활을 하는 사람에게는 너무나 무리한 처방이었다.

그런 그가 상담을 해왔다.

이 분은 자랄 때에 1남 5녀 중의 장남으로 자랐고 아래로는 여동생이 다섯 명이나 있었다.

다복하게 잘 사는가 싶었는데 고등학생 시절에 아버지가 갑자기 돌아가셨다. 믿기지 않는 현실이었고 하늘이 무너지는 듯 했다. 도저히 현실로 받아들일 수 없고 믿어지지도 않는, 하늘같은 아버지가 돌아가시는 일이 자기 앞에 닥친 것이다.

어떻게 살아가야 할지 암담했다.

고등학생인 어린 그는 아버지의 장례식을 치루고 나서도 한참 동안이나 이게 현실이 아니었으면 좋겠다, 꿈이었으면 좋겠고 받아들일 수 없는 이 고통스러운 현실을 보기 싫다, 그냥 깊이깊이 잠들어 버리고 싶다, 깊이 잠들었다가 아침에 눈을 떴을 때 꿈이었으면 얼마나 좋을까, 이렇게 자기도 모르게 간절히 원願한 것이다.

성실하고 반듯한 이 분은, 거의 독학을 하다시피 해서 최고 학부까지 공부하고 여동생들을 공부와 결혼까지 다 시키고, 자기도 사업에 성공해 이제 한창 그 성공을 구가하면서 사회적으로 봉사활동도 많이 하는 삶을 살게 된 때에 졸음이 쏟아지는 증상이 나타난 것이다.

이버지기 돌이기신 그 시절 잠에 빠져들고 싶다, 깊이 잠들고 싶다 하는 강한 염원이, 마음 깊이 입력이 되어 내재되어 있다가 현실로 삶으로 나타난 것이다

[해 설]

　마음에 있는 것은 어떤 것들은 몸병으로 오고, 어떤 것들은 사람과의 관계에서 대립과 갈등으로, 또 어떤 것들은 환경의 재앙으로 나오고, 또 어떤 것들은 세상에 운명이라는 모습으로 나타나는 것이다.

　눈에 보이지 않는 마음이 눈에 보이는 현실로 나타나는 것이다.

　그러므로 우리들이 원을 세울 때는 늘 긍정적인 원을 세워야 된다.

　생각과 말, 행과 원에는 위대한 창조력이 있기 때문에 우리들이 수시로 내뱉는 말을 잘 점검하여 밝은 말로 다 바꾸어야 되겠다.

　대비주 수행을 하게 되면, 신구의 삼업이 밝음으로 돌아선다.

　자기도 모르게 깊이 입력되어 있는 것, 바람직하지 않은 상태로 나오는 것을 업장이라고 한다.

대비주 수행을 할 때 깊이 입력되어 있는 그 업장들이 밝음으로 바꾸어지도록 지극하게 하라는 것이다. 마음 깊이 온 마음으로 하라는 것이다.

대비주는 광명이다. 관세음보살님의 지혜광명, 자비광명이다.

광명은 빛 덩어리이다.

업장이라는 어둠이 빛과 만나게 되면 당연히 어둠이 사라진다.

대비주를 여러 가지 이름으로 부르는데, 그 중에 한 가지 이름이 파업장破業障다라니이다.

이 분은 결국은 49일 수행을 세 번 정도 하면서 깨끗하게 나았다.

대비주 수행을 통해서 나았는지 확인할 길은 없지만 원리를 터득해 보면 고집멸도의 원리에 의해서 낫는다는 것을 알 수가 있다.

이 분의 경우처럼 업장소멸이 되면서 병이 낫게 되는 다라니, 그래서 연수延壽다라니, 병을 고쳐주는 다라니라고도 한다.

4 밤마다 우는 새

미련과 집착이 강하면 새 출발을 안 한다.
한발을 나아갈 수 없다.
집착으로부터 자유로워져야 한다.
바로 볼 수 있는 정견을 확보하라

밤마다 우는 새가 있다.

추위의 고통에 시달리느라고 밤마다 우는 새다.

밤마다 우는 새의 이름은 한고조寒苦鳥다.

추울 한寒, 괴로울 고苦, 새 조鳥의 이 한고조는 히말라야에 사는 새로 상상의 새라고도 한다.

이 새가 밤마다 추위에 떨면서 우는 이유는 집이 없기 때문이다.

한고조는 밤마다 추위의 고통에 시달리며 되뇌이기를 '날만 새면 집을 지으리라, 날이 새기만 하면 이제 부지런히 집을 지을 거야…'

이렇게 되뇌이면서 추위에 떨며 밤을 꼬박 지새운다.

그런데 날이 밝으면 햇살이 비치면서 따뜻해지기 시작한다,

한고조는 따뜻하게 햇살이 비지기만 하면 그만 간밤에 그렇게 다짐하고 맹세하고, 되뇌이고 결심했던 것을 까맣게 잊어버리고 따뜻한 햇볕을 즐기며 하루를 그냥 보내고는 다시 밤을 맞는다.

다시 춥기 시작한다.

내일이면 꼭 집을 지으리라, 반드시 집을 지으리라 날이 밝기만 하면 이제는 정말 미루지 않고 집을 짓고야 말리라. 이렇게 밤새 추위에 떨고 시달리면서 밤을 꼬박 지새우다가, 이제 드디어 어둠이 걷히고 날이 밝으면 따뜻한 햇살이 또 다시 비친다.

그러면 또 간밤에 맹세했던 것을 까맣게 잊어버리고, 무상한 몸 죽으면 그만이지, 그까짓 집을 지어서 뭐하랴 이렇게 하면서 또 햇살을 즐기다가 또 밤을 맞는다.

[해 설]

수행을 언제 할 것인가.

이 한고조寒苦鳥처럼 내일로 미룰 것인가.

나중에 시간 날 때 하리라, 이렇게 미루기 시작하면 기약이 없다.

내일은 없다.

일산 법상스님의 대비주 수행 예화편

미루는 사람은 언제나 행복하지 않다.

행복마저도 미루기 때문이다.

'지금 여기' Now and Here만이 진실이다.

바로 부처님께서 우리들에게 자비하신 말씀으로 사자
후獅子吼 하시듯이, '지금이 바로 그때'이다.

건강, 풍요, 성취의 대비주 수행을 언제 할 것인가?

부처님께서 말씀하시는 것은, 금정시시今正是時라, 지금
이 바로 그때라, 이렇게 말씀하고 계시다.

5 폐소공포증

기도하는 사람에게는 운명이 붙지 못한다.
오히려 활용할 수 있다.
지극하게 기도하면 일체의 번뇌 망상이 없다.

한 거사님이 도심의 빌딩 숲에 있는 일산 덕양선원에 오셨다.

1층에 오면 대부분 엘리베이터를 이용해 6층에 내려서 들어오는 게 보통이다.

그런데 이 거사님은 1층부터 계단으로 걸어서 올라온다. 물론 운동 삼아서 그리 하시는 분도 계시지만 이 분은 엘리베이터와 같은 좁은 공간을 아주 극히 싫어하기 때문이다. 두려움 때문이다.

이 분 이야기로는 엘리베이터뿐만 아니고, 겨울에도 승용차를 타고 다니다가도 답답하기 때문에 창문을 열지 않으면 견디기가 어렵다고 한다.

집에서 잘 때도 마찬가지이다.

겨울에도 문을 닫으면 잠을 잘 수가 없어 열고 자야 한다.

답답하고 불쾌하고 자기가 어떻게 될 것 같은 느낌이다. 아내는 문을 닫으라고 하고, 자기는 열어야 하고, 그래서 부부는 각방을 쓴다. 아주 큰 고역이다.

이 분이 미국 출장을 앞두고 비행기를 타야 하는데 큰 걱정이 되어 상담을 청해왔다.

고향이 농촌이신 분들은 잘 아실 것이다.

지금보다 시간을 조금 과거로 돌려보면 농사짓는 동네에는 농번기라는 것이 있다.

지금도 농번기는 마찬가지이기도 하지만, 예전에 비해 기계화, 자동화가 되어 논에 모를 심거나 하는 것도 사람을 대신해 기계가 해주니 예전보다는 훨씬 편해졌고 시간도 단축되었다.

그러나 조금만 과거로 돌아가 보면 모내기철이나 보리타작을 할 때는 앉을 새도 없이 바쁘다. 또 일손도 딸린다.

모내기를 하루를 빨리 하느냐 늦게 하느냐에 따라서 가을에 수확량, 소출이 크게 달라질 수도 있는 것이다.

또 때를 놓치면 안 된다.

그래서 워낙 바쁠 때는 오죽하면 외양간에 메어둔 소나 방목해서 놀게 하는 병아리, 닭들까지도 불러다가 모내기를 좀 도와주면 좋겠다, 심지어는 지게 작대기나 부엌에서 쓰는 부지깽이, 이런 것들까지 불러다가 모내기를 시켰으면 좋겠다, 할 정도로 일손이 딸린다.

더욱 급박할 때도 있다.

물이 부족해 저수지에 물을 가둬 두었다가 방류로 논물을 대어 모내기를 할 때다,

물을 방류할 날은 정해져 있다. 내일이 방류할 날인데도 불구하고, 아직까지 모내기를 해야 할 이모작을 하는 그 논에서 마늘을 덜 캤거나 했을 때다.

모든 일손들을 동원해 마늘 수확을 빨리 마쳐야 내일 모내기를 할 수가 있는데, 마늘이 물에 잠길 수밖에 없는 처지가 되면 큰 손실을 입게 된다.

가을걷이 때도 역시 마찬가지다.

그러면 부모님들은 초등학생들도 학교에 보내지 않고 일을 돕게 한다거나, 학교에서 아예 농번기 특별방학을 하기도 한다.

이렇게 일손이 모자라게 되는 때에 아기를 돌봐야 한다면 난감한 것이다. 아이만 보고 있을 수는 없는 상황이기 때문이다. 아이를 그냥 들쳐 입고 가서 농사일을 도와도 되겠지만, 혹 비가 쏟아진다거나 바람이 세차게 불거나 하게 되면 그것도 힘든 상황이 된다.

이럴 때 농촌에서는 아이를 방에 혼자 두고 문을 잠군

채 들에 나간다.

아이는 한참 자다 깨어나서부터는 무서움을 느낀다.

전 같으면 울기만 해도 엄마가 젖을 주고, 안아주고 달래주며 보살펴줬는데, 그날 만큼은 아무리 울어도 엄마가 나타나지를 않는다.

배가 고픈데도 엄마가 젖을 주지를 않아 울다가 오줌을 싸고 똥까지 싼다.

배도 고프고 무서움에 울다 지치고 방문은 닫혀있고 혹 엄마가 나를 버린 건 아닐까 하는 극도의 공포를 경험하게 된다. 아이로서는 아주 최악의 경험이다,

그런 일이 있고나서 이제 어른이 되었다.

어른이 된 그는 막혀있거나 닫힌 곳, 어두운 곳 등 그와 비슷한 장소에 갔을 때, 옛날에 두려웠던, 아주 불쾌했던, 그 공포감을 기억해내지는 못하지만, 자신도 모르게 그런 공간에서는 알 수 없는 공포감이 밀려오는 것이다.

이 분은 그런 연유로 폐소공포증을 경험하게 된 경우다.

일산 법상스님의 대비주 수행 예화편

[해 설]

우리의 마음은 자신이 경험한 것들을 잊어버리고 있는 것처럼 보여도 깊은 의식에서는 다 기억을 하고 있다.

몸 세포 역시 기억을 하고 있다.

이럴 때 어떻게 해결할 수 있을까?

두려움을 만나는 즉시 대비주를 외우면 된다.

엘리베이터를 타고 올라올 때 두려움을 느끼게 되면, 거기서 내리지 말고 꼭대기 층까지 올라갔다 내려갔다 또 올라갔다가 내려갔다가, 해결될 때까지 대비주를 외우면 스멀스멀 없어지면서 뿌리가 쑥 뽑혀서 이 폐소공포증이 해결이 된다.

그러나 엘리베이터에서 수행하기가 어렵다고 생각되면 법당 부처님 앞에 앉아서 그 공포감 그것을 다시 떠올리너 대비주 수행을 통해서 사라지게 할 수 있다.

폐소공포증만 해결할 수 있는 것이 아니라 고소공포증, 알레르기 등 이런 것들도 해결할 수가 있게 된다.

이러한 두려움이나 미움, 화, 짜증나는 것도 거기에 그대로 걸려 넘어져서 화를 낸다거나, 남에게 상처가 되는 말을 한다거나 그렇게 하지 말고, 반갑게 맞이해서 그것을 얼른 닦아야 의식에 남지 않게 된다.

이럴 때에 원인이 근본적으로 해결이 된다.

대비주 수행자들은, 그러한 상황이나 또 건드려주는 사람이 나타났을 때는, 이분들이 즉시에 나타난 나의 스승이다, 관세음보살님의 화현이다, 이렇게 볼 줄 알아야 한다.

그때 그때 다가오는 닦을 거리를 해결하면 왜곡된 것은 바로 잡히고, 마음속에 자기도 모르게 남아있는 고정관념이나 편견이 걷혀서 있는 그대로 보게 되는 것이다.

모든 고통의 문제에는 원인이 있다.

원인을 알면 해결할 수 있는 길이 보인다.

그래서 고통의 문제에 좌절하고 포기하거나 절망에 시달릴 것이 아니라, 해결할 수 있는 길이 있으므로 해결할 수 있는 길을 찾아서 행하라.

이것이 사성제四聖諦의 가르침이다.

6 능히 기적처럼 이루어진다

사람 사람이 본래 佛이다.
바로 오늘이 佛日이다.
일체가 다 가피다.
오늘 만나는 사람들이 본래 부처임을 알고
예배 찬탄 공양을 올려라.

평소에도 술에 취해 사는 한 남자는 어머님이 돌아가셨다는 소식을 듣자 핑계 삼아 더욱 술을 마셔댔다.

구파발에서 삼송리까지는 대로다. 이곳부터는 서울보다는 한적한 편인데다가 도로가 넓어 자동차 들이 가속 페달을 밟는 곳이기도 하다. 그런 위험한 거리에 술에 취한 한 남자가 쓰러져 있었다.

이 남자의 표현을 빌리자면 기절을 했는지 죽었는지, 한참을 쓰러져서 죽은 듯 있었는데, 갑자기 의식 속 저 편에서 몸집이 보통 사람보다 10배 이상이나 커 보이는 큰 장군같이 생긴 사람이 저벅저벅 자기한테 걸어와서는 사정없이 자신의 따귀를 때렸다는 것이다.

또 소리를 벽력같이 지르는데, "이 녀석이, 어머님은 평생 동안 자식 잘되기를 그렇게 발원하며, 부처님 전에 복을 짓고, 미을에서 일이 있을 때는 그것을 불공삼아 평생 불공만 올렸는데, 아들인 너는 그런 어머님이 돌아가셨는데두 아직까지 정신을 못 차리고 이렇게 술을 마시고 쓰러져서 죽기 일보직전까지 갔으니, 너는 호되게 나한테

혼이 나야된다" 하면서 왼쪽 오른쪽 뺨을 신나게 때렸다고 한다.

그는 그만 죽어 있다가 깜짝 놀라서 벌떡 일어났다. 살아난 것이다.

이렇게 살아난 남자는 그 이후 이상하게도 술 맛이 뚝 떨어졌다,

정신이 들고 나서 며칠을 곰곰이 생각해보니 어머니는 평생 고생하면서 화내시는 일 없이 집안을 위해서나, 스님을 위해서나, 마을 일 이나 불공 올리듯이 일 하시던 모습이 떠올랐다. 그 남자는 늦었지만 지금부터라도 어머님처럼 살아야 되겠다고 결심을 하게 되었다.

일산 쪽으로 신도시가 막 생길 무렵이라서 그가 사는 동산리는 갑자기 인구밀도가 높아지고 있었다.

그러다 보니 출 퇴근할 때 교통난이 심각한 상태가 되었고 교통정리 자원봉사자가 많이 필요한 시기였다. 경찰서에서 교통정리 자원봉사자를 모집을 하는데, 이 남자가 경찰서에 찾아가 지원을 했다.

늘 술에 취해 길에 쓸어져 있기 일쑤여서 파출소에서는 제일 골칫거리였던 남자가 교통정리 자원봉사를 하겠다

일산 법상스님의 대비주 수행 예화편

고 하니 경찰들은 기가 차서 다 웃을 수밖에 없었다.

"당신이나 길에 쓰러져 있지 않으면 우리가 덜 고달프니 그것이 도와주는 일이다, 그러니 다른 생각은 하지 말고 당신이나 잘 사시오." 하며 거절당했다.

그렇지만 워낙 진실하게 여러 번 청을 하니 "그럼 한 번 해봐라" 해서 교통정리 자원봉사를 그때부터 하게 되었다.

남자의 어머니는 친정집에서도 고생을 아주 많이 한 분이었다.

결혼을 했지만 착하기는 하나 가난한 남편을 만나 가난한 집에서 고생만 하시다가 돌아가셨다.

워낙 가난하다보니 농사를 지을 땅도 없고, 가난했기에 아버지 역시 많이 배우질 못해 특별한 기술도 없어 하는 일은 막노동 뿐이었다.

동네에서 그때 그때 일들이 생기면 일을 하며 하루하루 벌어먹고 살기에 급급한, 그야말로 생계를 잇기에 급급한 어려운 살림살이였다.

아버지는 착하기는 하지만 일이 잘 풀리지 않고, 힘들고 지칠 때 술을 하게 되고 점차로 그 횟수가 늘어갔고 폭언과 폭행까지 일삼으니 어머니에게는 말할 수 없이 힘든 세월이었다.

어머니는 아버지가 폭언을 일삼고 또 폭행을 가해 올 때 도망을 간다고 간 곳이 그 마을에 일반주택에 부처님을 모시고 절로 사용하고 있는 절집으로 도망을 가서 스님을 만나게 된 것이다. 그리고는 스님의 가르침대로 관음기도를 하기 시작하셨다.

흔들림 없이 염불하고 기도하고 발원하고 그런 가운데 며느리도 들이게 되었다.

염불하고 발원해도 별반 나아질 것이 없는 생활에 다행히 아들에게 착한 며느리가 들어 온 것이다. 아버지를 닮아 술과 막노동으로 하루를 보내는 아들에게 내린 가피였다.

그렇게 힘든 세월을 보내다가 어머님이 돌아가신 것이다.

어머니가 하신 염불수행은 평생으로 돌아가실 때까지 하셨다.

일산 법상스님의 대비주 수행 예화편

그러나 돌아가실 때까지도 아들이 좋은 직장에 취직을 한다거나, 좋은 일 겪는 것을 보지도, 누려보지도 못하고, 아버지도 어머니도 돌아가셨다.

그렇게 어머니의 염불수행이 어떤 것인지도 몰랐던 이 남자가 어머니 돌아가시고 정신을 차리고 열심히 살게 된 것이다.

평생 스님 시봉하며 기도처럼 살아오신 어머니의 기도 공덕은 지금부터 가피로 드러나는 것이다.

돌아가신 분에게는 손자 손녀이고, 이 남자에게는 아들, 딸인 아이들은 잘 자라났고 공부를 잘해 그 흔한 학원이나 과외 공부 한번 한 적 없었지만 일류대학교에 합격을 했다.

일류대학교에 합격한 것만 해도 큰 보람인데, 드디어 어느 해에 첫째 아이가 사법시험에 합격을 했다. 뒤이어 다음해에는 동생이 또 사법시험에 합격하는 일이 벌어지는 것이다.

어머님이 50년 동안 관음기도를 하고, 50년 동안 스트레스를 받을 때미디 절에 기는 것을 시작으로 니중에는 진심으로 부처님 시봉을 하고, 또 불자들을 돕고, 그 마을에서 궂은 일 경조사가 있을 때 혹은 일당을 받으면서 하루 하루 막 일을 할 때도, 그 일을 불공으로 삼고 불사로 삼아 불공을 올리는 삶을 산지, 50년 만에 이렇게 누가 봐도 큰 성취를 이루어 낸 것이다.

어머니의 대비주 기도공덕은 결국 이렇게 회향 되고 있는 것이다.

[해 설]

대비주를 만날 때 어둠이 사라진다.

대비주를 만날 때에, 우리 중생 삶의 암흑세계인 무명의 삶에서 밝음의 세계로 나아가게 된다. 고난, 방황의 생활에 종지부를 찍고 밝은 삶으로 나아가게 되는 것이다.

관세음보살님이 이 대비심주를 설하시는 목적을 10가지로 설명을 하셨다.

"일체 중생들의 업장을 소멸하고 안락을 얻게 하기 위함이다.

일체의 병을 없애서 건강과 수명을 얻게 하기 위함이며,

풍요를 얻게 하기 위함이며,

모든 구하고 원하는 바를 얻게 하기 위함이며 만족시키기

위함이다…(중략)"

탐진치 삼독심이 중생심이고 어둠이다.

탐진치 삼독심에서 고난이 나오고, 병이 생겨나고 재앙이 생겨나는데, 대비주 광명이 비칠 때 이 탐진치가 사라진다. 어둠이 사라진다.

대비주 광명을 비추일 탐진치 어둠에서 비롯된 고난과 병과 재앙이 사라진다.

탐진치가 사라질 때 드러나는 것은 원력과 자비와 지혜다.

원력과 지혜 자비가 우리 삶에서 실현되는 것이, 건강이고 풍요이고 생장의 근원들이다.

내가 수행을 하고 내가 사비행을 실전할 때 그것은 나만의 것이 아니고, 나와 위로 연결되어 있고 수평으로 연결되어 있고, 아래로 연결된 수많은 분들이 그 가피를 함께 입는다.

나이 드신 분들이, 살 날도 얼마 남지 않았는데 이 나이에 내가 자비행을 펼쳐서 무슨 낙이 있겠는가, 또 한편 내가 이렇게 대비주 수행을 열심히 한다고 어떻게 부자가 될 수 있을 것인가, 하는 생각이 들 때도 있을 것이다.

그런데, 내가 꼭 밖에 나가서 돈을 많이 벌어야 집안이 일어나는 것은 아니다. 기도수행 공덕이 쌓이고 쌓이면, 나의 지혜 자비 복덕의 치수가 올라간 만큼 내가 누릴 수 있는, 복을 받을 수 있는 여건이 만들어지는 것이다.

어떤 형태로 여건이나 복이 흘러오는지 알 수 없다.

어떤 경로를 통해서 그 복을 누릴 수 있을지 모르는 일이다.

그러니 연세가 많으시더라도 수행을 부지런히 하시고 자비행을 많이 하고 적덕積德을 하였을 때에, 과보는 반드시 있다는 것이다.

기도의 공덕, 적덕의 공덕은 결코 헛되지 않다.

대비주를 한번 하면 한 번하는 만큼의 공덕이 쌓인다.

누군가에게 자비로운 마음으로 돕는 일을 할 때마다 그

덕은 쌓이고, 이 공덕은 홍수가 나도 떠내려가지 않고, 화재가 나도 타지 않고, 바람이 불어도 날아가지 않는 그 수행공덕과 적덕의 공덕은 우리에게 반드시 결실이 있다 하는 것을 교훈으로 알 수 있는 사례이다.

7 생명의 저울

큰 서원 세우며 기도하라.
일체중생 위해 주는 자비심으로 기도하라.
결심하면 할 수 있다

이유진(9) 어린이가 그린 '생명의 저울' 이야기.

부처님의 전생담에 나오는 이야기다.

부처님은 이 세상에 태어나시기 전, 과거 생에 여러 생을 거쳐 오랜 세월 수행자로 사셨다.

어느 생에서는 큰 나라의 왕이었는데 이름이 '살바달 왕'이었다.

살바달 왕은 대자비심으로 중생들을 고통에서 구제해 주고, 널리 보시를 실천하는 국왕이었다.

도리천의 제석천왕이 지상을 내려다보고 있었는데, 살바달 왕이 널리 보시를 실천하고, 고통 받는 중생들을 위해 대자비심으로 살아가고 있는 모습을 보고 생각했다.

'이 천왕의 자리는 살아생전에 보시를 많이 실천하고, 대자비심으로 중생들을 고통에서 구제한, 복을 많이 지은 자가 죽으면 천왕의 자리에 오를 수 있는데, 아무래도 저 살바달 왕에게 이 제석천왕의 자리를 빼앗기게 생겼구나.'

이렇게 겁이 났다.

제석천왕이 살바달 왕을 시험하기 위해서 살바달 왕에게 간다.

먼저 살바달 왕한테 비둘기 한 마리를 보냈다.

그리고 재석천왕은 매로 변신을 해서 비둘기를 쫓는다.

비둘기는 다급하게 매에게 쫓기면서 살바달 왕에게 다가가서는,

"대왕이시여! 저를 살려주십시오. 매에게 쫓기고 있습니다. 지금 잡아먹히게 생겼습니다. 제발 구해주십시오."

살바달 왕은 대자비심으로,

"그래, 너를 구해주마, 너를 살려 주겠다."

곧 이어서 매가 다가와서는,

"대왕이시여! 그 비둘기는 저의 먹이입니다. 당장 내놓으십시오."

"내가 살려 주겠다고 약속을 했다. 저 비둘기를 놓아 주거라."

"안됩니다. 저의 먹이입니다."

대왕이 다시 말하기를,

"비둘기 대신에 더 맛있는 음식을 넉넉하게 주겠다."

그러나 매는 "다른 음식은 아무 소용이 없습니다. 저는 오직 비둘기만 필요할 뿐입니다."

이때 살바달 왕은 다시 말했다.

일산 법상스님의 대비주 수행 예화편

"그러면 무엇을 너에게 주면 비둘기를 살려줄 수 있겠는가?"

매가 말하기를

"비둘기가 아니면 대왕의 살을 비둘기 무게만큼 주십시오."

대왕은 기뻐하면서, 바로 이 비둘기 크기만큼의 넓적다리의 살을 베어서 생명의 저울 위에 올려놓았다.

보기에는 비둘기의 크기만큼의 양이었는데 생명의 저울에서는 비둘기보다 훨씬 가벼웠다.

왼쪽 팔을 베어서 올리고, 오른쪽 팔을 베어서 올려도 비둘기 무게보다는 모자랐다.

살바달 왕이 온몸을 통째로 생명의 저울 위에 올라갔을 때 그때서야, 이 비둘기 무게와 대왕의 생명의 무게가 같아졌다.

왕은 신하에게 이야기 했다.

"내 몸을 주여서 저 매에게 주고 비둘기를 살려주도록 하라."

이때에 제석천왕이 본래의 제석천왕의 모습으로 나타나서, 엎드려 절하며 이야기 했다.

"대왕이시여! 대왕께서는 무엇을 구하시기 위해서 대자비심으로 생명까지 보시하려고 하십니까?"

살바달 왕은 "저는 제석천왕의 자리를 구해서가 아닙니다. 오직 일체 중생들을 고통에서 구제해 주고, 행복을 누리도록 하기 위함입니다."

제석천왕은 하늘의 약을 가지고 와서 살바달 왕의 몸을 회복시켜 주었다.

[해 설]

대비주(신묘장구대다라니)의 상모相貌에는

대자비심大慈悲心이 다라니의 상모이며,

평등심平等心이 또한 그러하며

무위심無爲心 무염착심無染着心 공관심空觀心

공경심恭敬心 비하심卑下心 무잡란심無雜亂心

무뇌해심無惱害心 무견취심無見取心

무상보리심無上菩提心이 다라니의 상모이다.

모든 생명에게는 불성佛性이 있다.

부처님에게도 불성이 있고, 저와 여러분에게도 불성이 있고, 지금도 지옥, 아귀, 축생계의 고통 속에서 허덕이고 있는, 삼악도의 중생들까지도 차별 없이 똑같이 불성이 있다.

'일체중생 개유불성一切衆生 皆有佛性이라.' 모든 중생에게는 불성이 있다는 말씀이다.

저 산중에 온갖 나무들, 풀들이 많이 있다.

그 초목들 가운데 가장 귀한 초목이 무엇일까?

가장 존귀한 초목이 뭐라고 생각하는가.

소나무도 자라나고 있고, 참나무, 또 이름 모를 들풀, 산꽃, 여러분들이 좋아하는 나무들이 있다.

어떤 나무가 가장 존귀한 존재일까?

풀 한 포기 한 포기, 나무 한 그루 한 그루가 절대적인 존재다.

비교할 수 없는 가장 귀한 존재다.

우주에 하나 밖에 없는 유일자이다.

비둘기 생명의 무게와, 국왕의 생명의 무게가 생명의 저울에서는 똑같다는 이야기이다.

모든 생명들은 더 귀하고 더 천함이 없다는 이야기다.

우리들 한 생명, 한 생명이 다 그와 같다.

스스로 비하할 필요가 없고 무시할 필요가 없고, 열등감 가질 필요가 없는 것이다.

내 생명 그대로가 우주의 유일자요, 가장 절대적인 존귀한, 비교할 수 없는 존재이다.

그러므로 자기를 있는 그대로 사랑하고 있는 그대로를 진실로 사랑할 때, 그대로의 모습이 매력적이고 아름답게 된다.

진실로 자기 삶을 사랑한다는 말은, 자기 인연을 사랑한다는 말이기도 하다.

자기 인연의 기본은 무엇일까?

자기 인연의 기본은, '생명의 나무'이다.

생명의 나무에는 뿌리가 있고 줄기가 있고 꽃이 있고 열매가 있다.

뿌리는 조상님이고, 줄기는 부모님이고, 꽃은 나 자신이다. '생명의 나무' 열매는 자식, 후손인 것이다.

진실로 자기 인연을 사랑하는 사람은, 그래서 조상님을

공경하고, 부모님께 효도하고, 형제자매간에 화목하고, 자식들을 진실로 사랑할 줄 아는 삶을 산다. 이것이 대자비심으로 자기 인연을 사랑하는 삶이요, 대비주 수행자의 삶이기도 하다.

자기 인연을 있는 그대로 사랑하고, 자기 환경, 자기가 몸담고 살아가고 있는 이 세상에 대해서 감사한 마음으로 살 때에 자비심이 솟아오르며 대자비심이 회복된다.

대자비심이 내 마음속에 가득하게 될 때, 그 마음이 현실에서 실현된다.

마음에 피는 꽃이 현실에서도 꽃이 핀다,

내 마음이 자비심으로 가득할 때, 건강과 풍요와 아름다움과 행복의 나무가 무럭무럭 현실에서 자란다.

여러분 한 분 한 분이 무엇보다 존귀한 유일한 생명의 표준이다.

한사람 한사람이 그대로 부처님이다.

8 우리는 무한 능력자

대비주기도를 하면 참나가 모습을 드러낸다.
내가 귀한 존재, 종속자가 아닌
창조자임을 알 수 있다.

보험회사의 교육파트의 책임 임원으로 일하는 분의 이
야기다.

　직원교육을 책임지는 직책이므로 많은 사람들 앞에서
강의를 잘 하는 분이다.

　이분은 정기적으로 지방에 직원을 교육시키기 위해서
출장을 다닌다.

　지방출장을 다니다보면 좋은 분들과 회식도 하고 그곳
의 문화유산도 돌아보고 하니 보람도 있어 좋은데, 이 분
에게는 그만 딱 질색인 것이 하나 있다.

　회식이 끝나고 나면 노래방을 가는 것이다.

　노래방 가는 것이 질색이기 때문에 지방출장 가는 것을
꺼릴 정도였다. 큰 행사를 마치고 저녁 대접을 받고는 노
래방에 가는 것을 거절하느라고 아주 고역인 것이다.

　그의 노래방 기피 이유의 원인을 거슬러 올라가보면

　초등학교 3학년 음악시험 시간이었다,

　1번부터 차례대로 앞에 나가 한 명씩 노래를 부르면 선

생님이 평을 하시고 채점을 하시었다.

그의 차례가 되어 나가서 씩씩하게 열심히 노래를 잘 불렀다.

그런데 부르고 난 다음 선생님이 하시는 한 말씀이

"책 자~알 읽었다."

그 소리를 듣고 그 학급 반 애들은 전부 다 "와~~" 웃음을 터뜨리며 웃어댔고 그는 창피함에 얼굴이 홍당무가 되었다.

그때, 그는 결심하기를 '나는 앞으로는 노래를 절대로 안하리라' 결심을 했다.

그는 그 이후, 노래를 한 번도 한 적이 없었다고 한다.

[해 설]

'나는 노래는 못해', 그것도 '절대로 못해', 이게 자기 한정이다.

'무엇이든지 잘 할 수 있어, 처음에는 어렵지만 잘 못하다가 익숙해질수록 연습 될수록 잘할 수 있어' 하는 것이 자기에 대한 좋은 신념인데, 노래하면 또 창피당할까 봐 '노래만큼은 나는 안돼' 이런 마음을 가지고 있는 것이다.

대비주 수행을 하다보면 자신의 문제를 바로 보게 된다.

이분의 경우처럼 창피 당했던 그 현장으로 시간을 다시 되돌려서, 마치 그 현장에 간 것처럼 되어 그때의 일을 재경험 하게 된다.

노래 불렀던 그때의 장면과, 또 자기 목소리와, 친구들이 비웃는 듯이 웃음을 터뜨리던 장면, 그때의 창피한 감정, 이런 것들을 생생하게 다시 느낄 수 있다.

이것이 '재경험'이다

재경험을 하면서 자신에게 한정되어 있던 문제들이 풀어진다.

거듭거듭 항상 이 다라니를 수지하는 힘으로 말미암아 고정관념 편견 자기한정에서 벗어날 수 있다.

거듭거듭 항상 이 다라니를 수지하는 힘으로

태어날 때마다 항상 부처님 앞 연꽃위에 화생한다.

이 말은 불국토佛國土에 태어난다는 말이다. 또

거듭거듭 항상 이 다라니를 수지하는 힘으로

무수억겁의 미세생사를 초월 한다.

이렇게 부처님께서는 말씀하고 계시다.

시간과 장소, 여건에 따른 온갖 시비분별을 초월해서, 대비大悲 주主, 시간과 공간과 여건의 주인으로 살게 된다는 말이다.

시간과 공간과 여건에 자재로운 삶을 살게 된다.

대비주 수행자들은, "시간이 언제이기 때문에, 또 장소는 어디이기 때문에, 여건이 어떻기 때문에, 나는 안 된다, 나는 못 한다, 나는 불행하다" 하는 것을 졸업하라는 말이다.

남탓을 졸업하고, 핑계거리를 졸업해 버리면 어떤 시간, 어떤 장소, 어떤 여건이라도, 바로 불국토가 된다.

원망하고 불평할 때 불국토가 바로 지옥으로 바뀐다.

어떤 곳, 어떤 시간, 어떤 여건에서라도 맞아들여서 대비大悲 주主로 살 때, 그곳이 바로 불국토이다.

9 원인을 알면 진참회가 이루어진다

모르는 원결 또한 순도 100%의 자비심이 일어나면
만나는 족족 원결이 풀린다.
따라서 이 세상이 나를 도와주는 분신이 된다.
가까운 인연부터 원결을 해결하라.

일명 '수미단 보살'이라고 불린 보살님이 한 분 계셨다.

기도 열심히 하기로 손꼽히던 그 보살님이 한 번은 찾아와 상담하기를, 부처님 전에서 마음을 다스렸다가도 집에 가서 남편 얼굴을 보면 다시 미운 마음이 일어난다고 하소연을 했다.

그래서 왜 그런가 하고 이 보살님의 이야기를 가만히 들어보니 지난 세월동안 남편이 미운 짓을 많이 하기도 했다.

이 보살님이 젊은 시절에 웨딩숍을 해서 돈을 많이 벌었는데, 돈만 벌어 놓으면 남편은 텔레비전에 나오는 예쁜 탤런트 누구 누구하고 돌아다니며 흥청망청 써버리는 것이었다.

그러면 이 보살님이 또 애 써서 돈을 모으고, 그렇게 젊은 시절을 보냈다.

수미단 보살은 '나이 들면 남편이 방황을 끝내고 나 고생한 것도 알아주고 가정도 돌보겠지' 하며 기다린 것이다.

그러나 나이를 들고 나니 남편이 뇌졸중으로 쓰러져 몸져누워 버린 것이다.

결국 이 남편을 간병해야 할 처지가 되었다.

이 보살님이 한 때는 큰 교회도 열심히 다니며 기도도 많이 했고, 절에 와서도 기도 열심히 하고 보시도 많이 한 대보살인데, 그렇게 기도하며 마음 다스렸다가도 남편 얼굴만 보면 화가 치밀어 올라 간병조차 제대로 하기가 쉽지 않더라는 것이다.

이 보살님께 3·7일 용맹정진을 하라고 권했다.

그랬더니 이분이 아침에 절에 와서는 수미단 앞에 앉으면 면벽 좌선하듯 꼼짝을 안 하기를 21일, 그동안을 그렇게 처절하게 수행 했다.

3주간 매일을 수미단에 바짝 앉아 수건을 머리에 질끈 동여 메고는 바위처럼 정진했다.

1주 지나고, 2주 지나면서 공부가 익어가더니 마지막 주에 회향을 하면서 자기가 공부한 내용을 이야기 했다.

지금껏 살아오면서 남편에 대한 미움 때문에 오후 5시 즈음만 되면 죽어야지 하는 생각이 들고 가을만 되면 우울증에 빠지곤 했다고 한다.

허탈감과 남편에 대한 미움, 죽었으면 좋겠다는 마음으로 지금껏 살아왔다는 것이었다.

기도를 시작한지 3·7일 즈음, 영화 같기도 하고 환상 같기도 한 장면을 보게 되었다

몇 백 년 전인 것 같은데 청풍의 한 절에서 스님들이 수행을 하고 있는데 이때 원주 스님이 덕양선원의 법상스님이었다고 한다.

이 보살님은 원주 스님의 지도를 받는 젊은 학인 스님이었는데 꾀나 열심히 정진을 했다.

그런데 어쩌다 이 젊은 스님이 아랫마을에 사는 처녀와 사랑에 빠져서는 그 처녀가 임신을 하게 됐다.

이 사실을 알게 된 처녀와 처녀의 부모님들이 젊은 스님에게 결혼할 것을 요구했다.

스님이 결혼하기를 거부하자 처녀의 부모는 원주 스님에게 이 사실을 알렸고 젊은 스님은 더 이상 공부를 할 수 없게 됐다.

괴로워하며 방황하던 스님은 어느 날 오후 5시 즈음에 자살을 해버렸다.

젊은 스님이 죽은 후 처녀는 혼자 아이를 낳아 부모의 도움을 받아 어렵게 아이를 키우고 살면서 평생토록 죽은

스님을 원망했다.

그런 인연이 있은 후 수 백년이 지나 이번 생에서 이 사람들이 부부로 다시 만난 것이다.

이 보살님은 자신의 전생 모습을 낱낱이 보면서 참회의 눈물을 하염없이 흘렸다.

수미단 보살이 회향을 하고 집에 돌아가서 누워있는 남편의 얼굴을 보니 미운 마음이 싹 가셔버렸다.

그때부터 '내가 전생에 이 사람을 그렇게 고생 시켰구나' 하는 생각이 들어 진심으로 간병을 하게 되었다.

그렇게 진심으로 간병을 하기 시작하면서부터 남편은 아주 빠른 속도로 회복을 하게 되었다.

[해 설]

집안에 아픈 환자가 있을 수 있다.

이럴 때는 우리들이 정성을 기울여서 감사한 마음으로, 즐거운 마음으로, 간병을 제대로 잘할 때에, 과거에 얽히

고설킨 업연은 풀어지고, 미래로 볼 때에 이것이 큰 복이 되고 공덕이 되는 일이다. 이 기회를 놓치지 말고, 아픈 분이 있으면 정성을 기울여서 간병을 잘하는 것이 대비주 수행자의 삶이다.

어떤 어려운 일도 마찬가지다.

나에게 다가온 일을 통해서, 어떤 일은 과거의 업장이 풀리는 일이 되고, 어떤 일은 미래를 향해서 큰 공덕을 지을 수 있는 기회가 되는 일이다.

그리고 대비주 수행자는 오늘 만나는 사람을 본래불本來佛로 보라는 것이다.

오늘 우리들이 만나는 한 분 한 분들이 본래로 부처님이다.

탐진치 삼독심에 지글거리는 모습을 보일 때도 있고, 어떨 때는 거친 모습을 보일 때도 있지만, 부처님과 조금도 다름이 없는 불성을 간직한 분이다, 이렇게 알고, 이렇게 생각하는 것이 진정한 염불이다.

이 본래불에게 예배하고 찬탄하고 공양을 올리는 것이 대비주 수행을 잘하는, 우리들의 삶이다.

10 남자 알레르기

상황이 나를 만드는 것이 아니라
내가 나를 만드는 것이다.
인생의 정점은 바로 지금이다.
기회는 주위에 널려있다.
할 수 있다고 믿으면 무엇이든 할 수 있다.

45세 미모의 처녀가 결혼을 못하고 있었다.

옛날 말로는 노처녀라고 불렀지만 물론 요즘은 노처녀가 아닐 수도 있다.

노처녀이냐 아니냐는 자기 기준에 달렸다.

봄꽃은 봄에 펴야 되고, 여름 꽃은 여름에 펴야 제때 피는 것이다.

늦고 빠르고의 기준은 사실은 자기한데 달렸다.

그런데 중견 공무원인 미모의 45세 된 이 분은 결혼을 해서 좋은 남성과 함께 살면서 예쁜 아이 낳아서 행복하게 사는 것이 꿈이었다.

꿈을 이루기 위해 선도 보고, 또 지인들로부터 좋은 신랑감을 소개를 받아 데이트도 하고 결혼식까지 진행을 하는 경우가 여러 번 있었는데 결정적인 순간에 핑계거리를 만들어서, 또는 핑계거리가 생겨서 여러 번이나 혼사가 깨지는 것이다.

그녀의 직장에서는 행사를 마치고 회식을 하고 나서 2차에는 노래방을 가는 경우가 더러 있었다.

노래방을 가서 자리에 앉아 노래를 한다.

그런데 남자 직장 동료들, 혹은 선배 가운데 어떤 분은 그렇게 얌전빼지 말고 앞으로 나와 몸도 흔들고 노래를 하자며 손을 잡고 끌어내기도 한다.

그럴 때 그녀의 몸의 반응은 닭살이 돋는 반응을 일으키던가, 혹은 두드러기가 나곤 한다.

그래서 별명 붙이기를 '남자 알레르기' 이렇게 이름을 붙였다.

몸의 반응은 어디에서 일어날까?

마음에서 일어난다. 속마음을 표현하는 것이다.

몸이 '나는 남자와 함께 있는 것이 싫다, 결혼하면 함께 살아야 되는데, 그 말은 곧 결혼하기 싫다' 이 말인 것이다.

속으로는 자기도 모르게 그런 왜곡된 발원을 하고 있으면서, 말로는 빨리 시집갔으면… 남자하고 결혼해서 애 낳아서 행복하게 살았으면…

정말로 그렇게 원하는 것으로 보여도 자기도 모르는 깊은 마음속에, '나는 남자하고 함께 지내는 것을 원하지 않아. 홀로 지내는 것이 더 좋아. 홀로 살 거야…' 이렇게 이야기 하고 있는 것이다.

이것이 어디에서 왔을까?

시간을 거슬러 올라가서 어린 시절에 원인이 있는가, 질문을 해 보았다.

그런데 스스로 아는 원인이 없었다.

그럴 때 수행자의 도움이 필요하다.

기억도 나기 전의, 아주 어린 시절에 심하게 불쾌한 경험을 한나.

남자의 피부가 자기한테 접촉이 되면서, 그때 느낌이 '불쾌히다, 아프다, 더럽다, 남자는 더럽다, 남자하고 닿을 때는 이렇게 불쾌한 경험을 할 수 밖에 없으니까 남자하고

살 생각을 아예 하지 말아', 이런 신념이, 남자에 대한 상相
이 내 마음 깊이 심어져 있기 때문에 이런 몸의 반응을 일
으키는 것이다.

어떻게 하면 해결될 수 있을까?

 ....

[해 설]

대비주 수행이다.

대비주 수행을 지극하게 할 때에, 아주 어린 시절에 입
력되었던, 그래서 마음 깊이 그 원인으로 남아 있는, 그 깊
이까지 닿을 수 있도록 온 마음 기울여서 대비주를 독송할
때에, 그 왜곡된 원이라면 바로 잡히고 어떤 것들은 사라
진다.

업장이 깨지는 것이다.

그래서 '파업장다라니' 이렇게 이야기 했다.

파업장다라니이기 때문에 또 '만원다라니滿願陀羅尼' 이
기도 하다.

소원을 이루어 주는 다라니이다.

이렇게 자기 스스로 왜곡되게 발원을 해서, 그것이 자기의 발목을 잡는 일이 일어나는 것을 사라지게 하거나 바로 잡는 것으로 해결되는 것이다.

그러므로 겉과 속이 같은 원願을 발원할 것, 속으로 자기도 모르게 왜곡된 원이 있는지를 살펴보고 그것을 버리라는 이야기다.

하나는 지혜와 복덕이 원만한 원, 또 하나는 겉과 속이 같은 원을 세워야 원이 제대로 이루어진다.

11 대비주를 하려거든 모든 중생에 자비심을 일으켜라

지금으로부터 한 1,200여 년 전, 고려시대 무렵이다.

법명이 '라숙' 인 수행자 한 명이 살고 있었다.

라숙 스님은 수행을 하는데 한이 맺혔는지, 깊은 산중에 들어가서 고행을 했다. 겨우겨우 목숨만 부지하는 정도로 영양을 보충하면서 고행을 했다.

잠도 안 자고, 눕지도 않고, 이렇게 고행을 통해서 마치 깨달음을 이룰 수 있는 것처럼 그렇게 억지를 쓰면서 수행을 했는데, 시간이 흐르면서 라숙 스님은 굶주리게 됐다.

기력이 다 빠지고, 피골이 상접해지고 허기가 져서 곧 쓰러지기 일보 직전까지 갔다.

라숙 스님은 몸을 좀 추스르고, 약도 구하고, 먹을 것도 구하기 위해서 마을로 내려갔다. 마을로 내려 온 수행자는 허기와 지친 몸을 어찌할 수 없어서 그냥 쓰러져 버렸다.

그런데 그 마을에 한 아낙네가 쓰러져 있는 거지 모습을 한 사람을 발견했다.

수행자인 줄도 모르고, 남루한 옷차림에 그냥 피골이 상접한, 거지 중에서도 상거지로 보이는 그 사람을 보고서는, 그 아낙은 관세음보살님의 말씀을 들었던지 원래 자비로워서인지, 자비심을 일으킨다.

아낙은 그 거지를 집으로 옮기고 미음을 끓여 기력을 되살아나게 하며, 밤을 꼬박 새우면서 거지가 깨어나도록 돌보아 주었다.

그런데 그 거지 수행자는 아침이 되자, 기운을 차리고는, 인사도 없이 사례도 없이 가버렸다.

어제 거지를 발견했을 때부터 밤새 거지 수행자를 위해서 미음을 끓이고 돌봐줄 때는, 자비심이 일어나서 정성을 기울여 돌봐주었는데, 사례도 없이 인사도 없이 가버린 그 수행자를 보고는, 아낙은 괘씸한 생각이 든다.

자비심이 온데간데없이 사라져 버렸다.

일산 법상스님의 대비주 수행 예화편

섭섭하다. 허탈하다.

'이럴 줄 알았으면 내가 괜히 고생을 했구나', 이런 생각도 했을 수 있을 것이다.

그런데 그 수행자는 그렇게 사례도 인사도 없이 떠났지만 속마음으로는, '참 고맙습니다. 언젠가 내가 기회가 닿을 때는 은혜를 갚으리라' 이런 속마음을 품고 있었다.

그런 일이 있고 나서 시간이 흐르고, 오랜 세월이 지나서 서기 2000년이니, 한 800년 후가 되었다.

어느 날 한 노老 보살님이 상담 차 찾아 오셨다.

이 노 보살님의 아들은 심한 우울증을 앓고 있었다.

아파트 8층에 사는데 베란다에서 그냥 뛰어내리겠다고 막 나대니 가족들이 늘 비상대기 상태이다. 또 밤중인 12시, 1시쯤 되어 차가 쌩쌩 다니는 도로에 그냥 뛰어들기도 한다.

이런 증세를 보이므로, 병원에 치료 차 여러 번 입원과 퇴원을 반복했다.

정신적인 질병이나 고통, 병증을 경험할 때는 여러 가지 요인이 복합적으로 모아져서 병이 된다.

추측해 보건데, 이 젊은이는 심신쇠약이나 혹은 우울증이나 어떤 사건으로 인한 충격 내지는 분노, 그리고 어떤 경우에는, 영가장애를 겪는 일도 있을 수 있다.

이러한 상태는 이론적으로 어떻다 하기 이전에, 현실적으로 현재 장애를 겪고 있는 것이 분명하다.

병증을 살피다 보면 네 가지, 다섯 가지의 요인이 함께 모아져서 이런 증세를 겪게 되는데, 그 증세를 낫도록 하기 위해서는 그 중에 한 가지만 해결해도 병이 낫게 된다.

1, 2, 3, 4, 5의 원인이 결합이 되어서 병이 되는데 1, 2, 3, 4까지의 원인만 가지고는 병이 안 되기도 한다.

그래서 한 가지만 해결해도 급박한 상황에서는 벗어날 수가 있는 것이다.

그 노 보살님의 아들은 정신과 진료를 받는 중에, 꿈같은 이야기이고 영화 같은 이야기이지만 그 모자母子가 '법상'이라는 수행자에게 찾아 온 것이다.

이 수행자는 노 보살님의 부탁을 받고 밤을 새워 이 젊은이를 위해서 씨름을 했다.

먼저 감지된 것은 영가장애였다.

영가 법문을 목이 쉬도록 들려주고, 손이 벌게지도록 죽비를 밤새 치면서 그분을 위해서 자비심을 일으켰다.

처음 만났을 때도 자비심을 일으켰고, 진행할 때도 자비심을 일으켜서 자비로운 마음으로 밤새 죽비를 쳐대고, 새벽이 가까워졌을 때는 영가시식을 베풀었다.

영가시식을 베푸는 중에, 이 젊은이는 거품을 토하면서 쓰러졌고, 영가시식이 끝나자마자 그냥 툭툭 털고 일어났다.

다급한 영가장애에서 벗어난 것이고 보니 보람이 있었다.

잠깐 쉬다 보니 아침이 되었다.

그런데 나와 보니 이 노보살님과 젊은이는 사례도 없이, 인사도 없이 그냥 가버렸다.

자비심으로, 목이 쉬도록 소리를 지르고, 손이 벌게지도록 죽비를 쳐댈 때만 해도 자비심으로, 그를 위해서 내 수행하면서 쌓아온 공덕이 있다면 이 공덕을 이 분을 위해서 다 바치겠다는 그런 마음으로 정성을 쏟았는데, 인사도 사례도 없이 떠난 그 순간에 괘씸한 마음이 든다.

섭섭하다. 허탈하다.

관세음보살님께서는,

"먼저 모든 중생에 자비심을 일으키고 이 대비주를 수

지하라"고 말씀을 하신다.

이 경전 내용을 물론 잘 알고 있다.

그리하여 자비심을 회복하기 위해 그날, 목이 쉬고 기진 맥진한 상태로도 종일 대비주를 외웠다.

그 대비주를 종일 외우는 그 시간에, 꿈결같이 영화를 보듯이, 과거의 그 아낙네는 어젯밤의 노 보살님이었고, 과거에 굶어 쓰러져서 죽을 수도 있었던, 아낙네의 정성어린 손길로 인해서 살아났던 그 수행자가 바로 나 '법상'인 것처럼 여겨졌다.

"먼저 모든 중생에 자비심을 일으키라"고 하는 것은, 그 누구를 위해서도 아니고, 자기 스스로를 위해서 그렇게 하라는 것이다.

[해 설]

지금 나에게 다가온 이런 일거리들, 혹은 내가 자비심으로 돌보아 주어야 하는 그런 사람은 과거에 언젠가 내가 신세를 졌고, 내가 은혜를 입었던 사람임에 틀림없다, 이렇게 생각해 볼 수도 있는 것이다.

현재와 미래를 향해 볼 때, 자비심을 일으키는 것은 미래에 이로움을 함께 누리게 되는 일이다.

마음에서 원이 나오고, 마음에서 말과 생각과 행동이 나온다.

신구의身口意 삼업三業은 마음에서부터 나타나고, 또한 마음에 자비심이 가득해 질 때, 삼업이 쌓이고 쌓여서 물질화가 되고, 자비심 가득한 마음에서 나오는 원과 신구의 삼업이 건강한 삶, 풍요로운 삶, 아름다운 삶의 현실이 되는 것이다.

12 죽고 싶은 분만 보세요

일단 살기 싫다, 라는 생각이 들면

우선 며칠이라도 굶어 보세요.

아마 배고파 죽을 겁니다.

*

혹시나 죽지 않았다면 며칠 동안

못 먹었던 음식을 쌓아놓고 왕창 먹어 보세요.

분명 배 터져 죽겠지요.

*

이것도 안 되면

하루 동안 아무 일도 하지 말아 보세요.

심심해 죽습니다.

*

그래도 안 죽으면
길거리에 나가셔서 담배 빌려달라는 어린놈을 보세요.
기가 막혀 죽습니다.

*

아직도 살았나요?
500원만 투자해서 즉석복권을 사서 긁지 말아보세요.
궁금해 죽습니다.

*

그래도 살았다면
힘차게 긁어 보세요. 반드시 '꽝!'일 것입니다.
그러면 열 받아 죽습니다.

*

이것도 안 되면 홀라당 벗고
거리로 뛰쳐나가 보세요.
사람들이 많이 다니는 길 일수록 좋습니다.
분명 쪽 팔려 죽습니다.

　— 인터넷 유머

그래도 살아있다면.....

　•

　•

마지막으로
대비주를 지성껏 독송해 보세요.
이제
환희와 기쁨에 넘쳐 죽습니다.

　•

　•

분명히 과거의 당신은 죽었습니다.
축하 합니다!
당신은 이제부터 평생을 광명 속에서 열심히 사는
새로운 인생길을 가게 될 것입니다.

진실입니다.

13 업장소멸

모든 허물 용서하고 마음의 벽 허물어라.
그래야 풍요의 물줄기, 지혜의 말들이 솟아난다.
기도는 영원한 순간이요, 또 다른 순간이다.
내 마음 밝힐 영원한 등불이 될 일이다.

1960년대 어려운 시절을 살았던 한 분이 있었다.

그 시절 그분은 쌀장사를 하면서 돈을 많이 만지게 되었다.

현금이 돌아가니까 좀 더 빨리, 좀 더 쉽게 재산을 좀 모아야겠다 싶어서 장사를 하면서 돈놀이를 시작했다.

급전이 필요한 사람한테 높은 이자를 받으며 돈을 빌려주는 고리대금이었다.

요즘 말로는 사설금융업이라 할 수 있겠다. 이 시절은 이렇게 음성적으로 거래를 해도 워낙 어려운 때라 별 제재가 없었다.

이 일을 하면서 그는 높은 이자를 받아 자신의 재산을 불려 나갔다.

더 많은 수입을 올리기 위해 다른 사람의 돈도 끌어들였다.

남의 돈을 빌려 자신은 높은 이자를 받으면서 다른 사람에게 빌려주고, 이렇게 하면서 욕심이 생기니 자꾸 부정적인 방법을 쓰게 되었다. 남을 속이게 된 것이다.

원금을 빌려 와서는 갚을 날짜에 갚지는 않고, 그 돈으로 계속해서 돈 놀이를 하여 이자가 들어오니 원금 갚을 약속 날을 안 지키고 돈도 안 갚는 것이다.

이렇게 재산을 불리고 편법을 써서는 불법으로 재산을 빼돌렸다.

그는 그렇게 모은 재산을 자기 자식들한테 물려준 것이다.

이렇게 하다 죽을 때쯤에는 남에게 빌려와서 안 갚은 돈이 아주 많은 상태에서 돌아가셨다. 돌아가시고 나니 장례식 때에 채권자들이 몰려왔다.

채권자들은 못 받은 돈을 가족들이 대신 갚아주기를 요구했다.

그런데 이 가족들은 "우리는 모르는 일이다" 이렇게 다 발뺌을 했다.

세월이 지나가서, 그때 60년대에 태어났던 그분의 손자가 한 명 있었다.

이 손자가 자라서 대학을 졸업하고 드디어 취직을 했는데, 월급을 많이 주겠다고 하는 회사에 취직을 하게 되었다. 일반회사에 비해 생각보다 훨씬 대우를 잘해주는 것으

일산 법상스님의 대비주 수행 예화편

로 보이는 회사에 취직을 했는데, 그 회사가 바로 사설금융회사였다.

그분의 손자는 그 회사에서 열심히 일을 하면서 월급을 많이 받았고, 그 사설금융회사에서는 자금을 끌어오는 만큼, 또는 돈을 유치한 만큼 수당을 많이 받았다. 월급에, 수당도 많이 받으니까 얼마나 좋겠는가.

또 그 손자가 보기에, 돈을 투자한 사람들이 은행 아니면 부동산이나 다른 데에 투자하는 것보다도 훨씬 수입을 많이 올리는 것을 보고는, 부모님의 재산까지도 투자를 하게 되었다.

부모님 돈에, 처가까지 투자를 하게 해서 높은 소득을 올리게 되었다.

옆에서 지켜보고 있던 처형이 투자를 하여 높은 소득이 생기니까 인맥을 동원해 많은 사람들의 돈을 끌어 모아 투자를 하고 높은 소득을 기대했다.

그런데 어느덧 이 회사의 자금줄이 꽉 막히면서, 이자도 지급을 못하고 원금도 못 갚게 되는 상태까지 와버린 것이다.

이 손자 역시 몇 달 동안 월급도 못 받았다.

손자의 할머니가 살면서 돈으로 인해서 다른 사람들한테 수없는 고통을 안겨주고 돌아가셨다. 그런데 그의 손자가 또 사설금융회사에 묘하게 인연이 되어서, 친가나 처가까지도 큰 곤경에 처하도록 만들었고, 처형은 그를 사기죄로 고발하겠다고 나서고 있는 상황이었다.

그 이후 인연간의 상황은 더욱 악화되어 손자는 처참한 지경까지 이르게 되었다.

할머니는 돌아가셨으니 그걸로 끝인 줄 알았겠지만 참 묘한 일이 벌어지고 있는 것이다.

[해 설]

이럴 때에 활로活路가 있을까?

〈천수천안관세음보살광대원만무애대비심다라니경〉의 말씀을 보면,

"이와 같은 원을 발한 다음에 지극한 마음으로 저의 이름을 부

르고 생각할 것이오며, 또한 마땅히 저의 본사인 아미타여래의 명호를 생각할 것이옵니다. 그러한 연후에 이 다라니를 외우되 하룻밤에 3·7편 내지 7·7편을 외우면 백천만억겁 동안에 지은 바 생사중죄가 모두 없어지옵니다."

업장소멸의 길을 관세음보살님께서 분명하게 제시하고 그것은 대비주 수행이라고 이 〈천수다라니경〉에서는 말씀하고 계신다.

대비주 수행으로 '백천만억겁동안에 지은 바 생사중죄'가 모두 없어진다고 관세음보살님께서 알려주신다.

탐진치 삼독심으로 살아가게 될 때에 우리들의 삶이 지옥, 아귀, 축생의 삼악도의 삶이 가까이 다가온다.

가는 곳마다 지옥으로 만들어지고, 또 만나는 사람에게도 지옥의 고통을 선물할 수도 있다.

어떤 분들은 아주 전속력을 가해서 이 삼악도로 달려가는 듯이 사는 분도 있다.

달려가더라도 멈출 수 있는 방법이 있는데 그것은 탐진치를 멈추는 것이다.

이 탐진치 삼독심을 자비, 지혜, 믿음으로 바꿀 때에 삼

악도는 저절로 사라지고 불국토가 다가오게 되며 또는 삼
악도에서 불국토로의 변화가 일어난다.

　삼독심의 악업을 짓는 것은 자기만 불행해 지는 것이 아
니라 사랑하는 가족들도 그 불행으로 몰고 가는 결과를 낳
는다.

　　　　　　일산 법상스님의 대비주 수행 예화편

불평하고 원망할 때 지옥이 만들어진다.

두려움과 의심이 지옥을 만든다.

미워하고 화내는 것으로 지옥을 만들어 간다.

대비주 수행, 다라니의 힘으로 이런 삼독심을 소멸함으로써 지옥을 말라버리게 하고 사라져 버리게 할 수 있다

14 죽지 않고 죽는 법

우리 본성은 죽지 않는다.

죽어도 안 죽는 도리다.

오히려 죽을수록 산다. 영원한 생명이 산다.

1990년대에 건축 사업을 하였던 거사님이 있다.

90년대 후반에 국가 재정의 문제로 IMF(국제통화기금 구제금융 신청) 사태가 일어났다. 그때 그의 나이는 40대 중반쯤이었다.

전반적으로 경제가 어려워졌던 그때, 건축 사업을 하던 이 분도 아주 급박하게 상황이 악화가 되었고, 결국은 투자한 자기 재산을 다 잃고 그것도 모자라서 부모님의 재산까지도 다 손해를 보게 되었다.

얽힌 일들 때문에 조사도 받고 구속될 상황까지 다가왔다.

암담하고 비참했다.

그는 이제 내 인생에는 희망도 미래도 없고 좌절뿐이라고, 이렇게 살다가는 구속되어 몇 년 감옥살이를 해야 할지도 모르고 해결할 길이 전혀 없겠다 싶었다.

그는 우울과 좌절에 시달리다가, 비참한 삶을 사는 것보다는 죽는 것이 낫겠다 란 생각에 소주 몇 병을 단숨에 마시고는 산으로 들어가서 낭떠러지로 몸을 던져버렸다.

얼마나 시간이 흘렀을까, 의식이 깨어났는데 정신을 차려보니, 사방이 깜깜하고 온 몸이 아프고, 쓰리고, 따갑고, 그런데 하늘에는 별이 초롱초롱하게 빛나고 있었다.

여기가 극락인가, 지옥인가.

정신을 차려 자기 몸을 아무리 만져보고 주변을 살펴봐도 안 죽고 살아난 것이다.

피가 흐르고, 찰과상, 타박상에 온 몸이 고통스러웠다.

그런데 죽으려고 해놓고도 깨어나니 본능적으로 '얼굴에 흉터가 나면 안 될 텐데…' 또 습관적으로 '이 깜깜한 밤중에 집까지 어떻게 내려가지?' 하는 생각이 났다.

낭떠러지로 몸을 던져서 죽으려 하였지만 그는 안 죽고 살아난 것이다,

그러나 그에게 실제로 죽은 것이 있었다.

기운을 차리려 어두운 밤길을 기다시피 내려오면서 그는 다짐 했다.

'자존심만 내세우고 허황된 꿈을 쫓던, 나약하여 맘대로 안 되면 술 마시고 세상을 탓하던 그 나는 죽었다! 새로 태어나자. 이제 과거의 나는 죽었다. 새로 시작하자, 죽었다 치고, 죽을 힘을 다해서 살아보자.'

일산 법상스님의 대비주 수행 예화편

이렇게 다짐을 하면서 내려왔다.

이 일이 있고 나서 조사받는 것이라든가 당면한 문제들을 닥치는 대로 해결하는데 옛날보다 덜 힘들었다.

자존심 내려놓고, 안 된다 생각하는 나도 다 내려놓고, 새롭게 태어난 자기 자신으로 살기 시작했다.

해결할 것은 해결하고, 해결 안 되는 것은 또 안 되는대로, 닥치는 대로 대하면서 수사를 받고, 결국 3년여를 감옥살이를 했다.

그는 감옥살이를 하러 들어가고, 부인은 애들 둘을 친정에 맡기고 국수집에 취직을 했다. 아내는 취직을 해서 일하는 동안 국수 요리를 전수받았다.

그는 형기를 마치고 3년여 만에 출소를 했는데, 이 거사님은 감옥생활을 하면서 돈을 벌어가지고 나왔다. 그의 지인들이 면회를 올 때 영치금을 넣어주는 돈 60만원을 모아 가지고 출소를 한 것이다.

출소를 해서 그 돈에서 30만원은 생활비로 쓰고, 나머지로는 살 집을 구하는데, 2000년대 가까운 때였지만, 30만원으로는 집을 구할 수가 없었다.

우여곡절 끝에 집을 구했는데, 시골의 대로변에 있는 다 쓰러져가는 슬레이트집이었다. 그가 얻은 집은 다 쓰러져 가기도 하고, 좁기도 하며, 더군다나 이 집은 흉가로 소문이 나서 사람들이 거들떠보지도 않았기에 얻을 수 있었던 것이다.

뿔뿔이 흩어져 있던 가족들이 함께 이 집에 입주를 해서 바로 국수집을 열었다.

입주를 해서 잠을 자는데, 이 가족들 꿈에 한 여인이 머리를 길게 풀어 헤치고, 울면서 나타난다는 것이다. 어느 날 무섭다면서 전화가 왔다.

그래서 그 집에 가서, 정성을 다해 영가 천도재를 지내 드리고, 또 사업번창을 축원하는 불공을 올려드렸다.

그후 손님들이 줄을 이으며 장사가 아주 잘 되었다. 그 시골 국수를 먹기 위해서 차량들이 쭉 줄을 잇고, 번호표를 사용할 때도 있을 정도로 손님들이 밀려들었다.

얼마나 힘들고 바빴는지, 그 다음 만났을 때는 아주 딴 사람이 되어 있었다.

체중도 쭉 빠져버리고, 얼굴에 고생하는 모습이 아주 역력했다.

일산 법상스님의 대비주 수행 예화편

그런데도 그분들은 신이 났다.

잠 잘 시간도 없이, 쉴 틈도 없이 열심히 일을 해서, 짧은 시간인 4년 만에 그동안에 진 빚을 다 갚았다.

그리고 시골이지만 700평이나 되는 식당을 샀다.

다시 확장 개업 불공을 올려달라고 연락이 와서 가 보니 얼마나 넓은지, 카운터하고 저쪽 테이블까지는 거리가 멀어서 육성으로는 주문하는 소리가 안 들리니 인터폰으로 주문을 하는 정도가 되어 있었다.

지금은 계속해서 번영을 해나가는 가운데, 이 분은 그 지역의 독거노인들을 위해서 보일러 시설을 놓아 드리기도 하고, 가난한 학생들을 위해서 장학사업도 펼치며 사업을 계속하고 있다.

[해 설]

사력십중배死力十重培!

사력십중배는 죽을 힘을 다하면 10배의 힘이 나온다는

것이다.

내가 죽도록 사력을 다해 노력하는 것이다.

죽도록 힘을 다할 때, 죽는 것은 안 되는 나, 나약한 나, 게으른 나, 허황된 나, 탐진치 삼독심에 물든 내가 죽게 되는 것이다.

그 내가 죽도록 용맹정진 할 때에, 참나가 본래 가지고 있으면서도 언제 깨어나나, 언제 한번 발휘해 볼까나 이렇게 기다리고 기다리던, 그 참나의 무한능력 · 무한지혜 · 무한자비가 이럴 때 폭발하는 것이다.

수행을 하거나 공부를 하거나, 사업을 하거나 어떤 일을 하건 간에 이렇게 사력死力을 다할 때, 내 내면에 잠자고 있던 무한능력을 발휘할 수가 있게 되는 것이다.

대비주는 천광왕정주여래千光王靜住如來께서, 관세음보살님과 일체 중생들을 위해서 설하시는 다라니이다.

천 개의 광명이 뭉쳐져 있는 다라니이다.

이 다라니를 수지 독송하는 자는 그렇기 때문에 천 개 태양 에너지를 머금고 있는 자이며, 이 사람이 가는 곳, 밝음이 가는 곳은 당연히 어둠이 사라지는 것이다.

불평할 때 어둠이 몰려온다.

불평할수록 운명이 어두워진다.

감사할 때 운명이 밝아진다.

감사할수록 운명이 밝아진다.

흉보고 비난할 때 삶이 어두워진다.

흉보고 비난할수록 먹구름이 몰려온다.

예배하고 찬탄할 때 삶이 밝아진다.

예배하고 찬탄할수록 삶이 밝아진다.

환하게 웃을 때 복이 들어온다.

환하게 웃을수록 복이 들어온다.

이렇게 대비주 수행자들은, 죽어서 삼악도에 떨어지지 않는 것일 뿐만이 아니라 살아서도 대비주 수행자가 있는 곳은 감사와 찬탄과 웃음으로 스스로 밝게 살고 주변을 밝히는 삶을 살게 된다.

마치 횃불처럼 스스로 타오르며 주변을 밝히게 된다.

15 모죽毛竹

오늘 수행은 처음이고 마지막이다.
이런 자세로 살라.
오늘은 오늘 밖에 없다.

한국과 일본, 중국에 자생하는 모죽毛竹이라는 대나무가
있다.

이 대나무는 심은지 5년이 지나도록 아무리 물을 주고
정성을 다해도 큰 변화가 없다.

그렇지만 5년이 지나면 하루에 70~80cm씩 자나라기
시작해서 무려 30m 까지 자라나 위용을 과시한다.

그런데 그렇게 잘 자라지 않던 대나무가 어찌 5년이라
는 세월이 지나 그렇게 짧은 시간에 30m까지 자라나게
될까?

많은 학자들은 혹 그 대나무가 쓰러지지 않을까? 부러

지지 않을까? 걱정을 했지만 절대 그런 일은 없다.

그래서 그 대나무의 뿌리를 조사 했는데 모든 학자들이 놀라움을 금지 못했다.

대나무의 뿌리가 사방으로 뿌리를 내려 땅속 깊숙한 곳에서 주변 수 십리가 넘는 땅에 기초를 다져 놓았기 때문이다.

그렇게 숨죽인 듯 세상에 뻗어 나갈 날만을 위해 철저히 준비해서 대나무는 그렇게 멋지고 당당한 모습을 세상에 드러내는 것이다.

[해 설]

우리들의 수행도 이와 같은 시기가 있다.

겉으로 드러나 보이는 모습은 '성장이 멈춘 것은 아닐까?', '향상이 이렇게 되어가는 것일까?' 이렇게 의심이 될 때도 있지만, 지성심으로, 자비심으로, 신심으로 수행하는 한은, 우리 내면의 뿌리가 모죽처럼 깊고 깊이 내려지는 시기라고 볼 수가 있는 것이다.

대비주 수행은 완전한 수행법이다

소승불교에서 이야기하는 수행계위, 대승불교에서 이야기하는 수행계위를 다 성취할 수 있다는 것을 강조하는 대목이다.

"대비주 하나로 일체를 통달한다"는 말씀이다.

대비주 수행 하나로 일체를 통달할 수 있기 때문에, 이것저것 추가로 다른 수행을 덧붙일 필요도 없다는 말씀이다.

이 대비주 수행으로 '과거의 업장을 소멸하고, 현세의

소원을 이루고, 깨달음을 이루고 성불한다' 하는 절대적인 신심으로 하라는 이야기다.

대비주 수행만으로 이렇게 할 수 있다, 이렇게 생각하라는 이야기다.

이런 믿음을 가지라는 이야기다.

그렇다면 다른 수행은 아닐까?

다른 수행할 때도 마찬가지다.

내가 지금 한 가지 수행을 택해서 이 수행으로 나아갈 때는, '이 수행만으로 내가 모든 수행계위를 성취할 수 있다' 하는 절대적인 신심을 가지고 해야, 시비, 분별, 자기한정, 그것을 넘어서는 수행을 할 수가 있다.

참선을 한다거나, 혹은 다른 경전독송을 한다거나, 절수행을 한다거나, 가지가지 수행이 많지만, 그 어떤 수행을 할 때라도 '이 수행으로 내가 성불하겠다' 라는 절대적인 신심으로 해야, 작은 나를 넘어서 큰 나, 아상을 넘어서 참나를 만나게 된다.

이럴 때 깊이 내재되어서 깨어나기를 기다리고 있던 잠재력이 폭발이 되고, 지혜와 자비 광명이 빛을 발하는 것이지, 조금 힘들다고 그만 두고, 이것은 나한테 안 맞는가 보다 하고 바꿔버리고, 이런 분들은 지금까지 살면서 다른 일을 할 때도 아마 그렇게 살았기 쉽다.

이 일 아니면 다른 일 기웃하고, 이거 아니면 다른 거 기웃거리고, 바로 그때에 그것을 닦을 기회이다.

16 플러스 인생

마음이 일체현상의 근본이다.
눈에 보이지 않는 마음이 물질현상계에 나타난다.

30대 초반의 미래가 촉망되는 한 여인이 있었다.

그녀는 첫 출산을 하고나서부터 온 몸의 뼈를 무언가가 계속해서 쪼는 것처럼 심한 산후풍의 통증이 계속되었다.

가슴이 답답해지더니 더욱 심해져 숨쉬기가 어렵게 되었고 말하기조차도 버거운 상태로 악화가 되었다.

일어서서 있는 것은 당연히 힘들고, 앉아 있기도 힘들고, 그래서 집에서는 온 종일 누워서 시간을 보냈다. 집에서 움직일 때는 기어 다닐 정도밖엔 안 되니 그 고통은 말힐 수기 없었다.

병원에서는 '혈액순환장애' 라고 진단을 내렸다.

한방에서는 '화병'이라고 했다.

병원치료, 한방치료, 가지가지 치료를 오랫동안 하는데도 불구하고 차도가 없었다.

주변에 있는 누군가의 말이, "혹시 무병巫病, 신병神病일지도 모른다", 이렇게 이야기를 듣고는 그때까지 너무도 고통스럽기 때문에 무속인이 되더라도 이렇게 끈질기고 괴로운 고통에서 벗어나는 것이 급선무다 싶었다.

용하다는 무속인들을 찾아가서 물어보았는데 한결같이 꾀병이라고 했다.

그녀 자신은 일분일초도 견디기 어려운데 꾀병이라니…

그녀는 다시 이름 있는 종합병원, 또 가지가지 한방치료 방법을 찾아다니면서 끝도 없이 치료를 하는데도 통증은 마찬가지였다.

괴로움도 많고 비용도 많이 들어서, 어느 달에는 치료비가 2천만원 이상이 들어갈 때도 있었다. 집 한 채 값을 치료비로 써도 차도가 없었다.

그녀는 이렇게 죽는구나 싶어서 삶을 마감할 준비를 하고 있었다.

일산 법상스님의 대비주 수행 예화편

그때에 그녀는 우연찮게 대비주를 만났다.

집에서 절까지 오는 데는 두 시간이 넘게 걸렸다

절에 기도하러 올 때 전철을 타고 오는데 자리가 나기만 하면 앉아서 오는 것이 아니라 아예 드러누워서 오기가 일 쑤였다.

전철에서 내려서 절까지 오는 데는 5분밖에 안 걸린다.

그런데 그는 그 5분의 거리를 바로 오지 못하고 도중에 벤치에 누웠다가 오는 것이 기도하러 오는 그녀의 일상화 된 모습이었다.

이렇게 절에 다니면서 지극정성으로 대비주 수행을 했다.

점차 이제 아픔이 없는 순간도 있기 시작했다.

그렇지만 계속해서 힘은 들었다.

10만 독을 목표로 수행을 해 나가는데, 대비주를 외우는 것도 힘이 들어서 3독을 하는데 한 시간 걸린 때도 있었다.

하루 종일 지극정성을 다해서 올인을 하는데, 평균 하루에 500여독을 해서 결국 7개월 쯤 걸려 10만 독 성취를 해냈다.

그 이후 그녀는 전철을 타고 다닐 때 자리가 없을 때는 서서 다닌다. 전철에서 내려서 절에 곧장 온다. 또 전에는 안 아픈 곳이 없었고, 아프지 않을 때가 없었는데, 요즘은 가끔씩만 아플 때가 있단다.

그녀는 요즘 도반들하고 백록담에도 다녀오고, 또 백두산 천지도 다녀왔다.

최근에는 경제 활동도 하여 집도 장만했다. 불과 3~4년 만의 일이다.

이렇게 죽을 것만 같던 그 아픈 몸이, 건강하고 아름다운 건강미인으로 변했다.

마이너스 인생에서 완전히 플러스 인생으로 변한 것이다.

[해 설]

처절한 고통이 몰려올 때, 우리는 거기에 머물러 있기 쉽다.

좌절하고 원망하고 불평하고 암담해한다.

그런데, 관세음보살님께서 대자비로 말씀하고 계신다.

'처절한 고통이 몰려올 때 거기에 머물러 있지 말고, 처절한 고통보다도 더욱 처절하게 대비주수행을 하라'고 간곡하게 말씀하고 계신다.

고통으로 좌절하고 방황하고 혹은 원망 속에 빠져 있으면, 그 고통은 계속해서 지속된다. 어떤 때는 더 심한 고통으로, 나락으로 떨어지기도 한다.

처절한 고통보다도 더욱 더 지극정성으로 대비주 수행을 한다면, 뼈에 사무치는 고통이 깨달음으로 변한다는 것이다.

고통을 체험하기 위해서 일부러 악업을 짓는 사람은 아무도 없을 것이다.

그러나 고통이 큰만큼 깨달음이 크다.

깨달음이 큰만큼 성취력이 크다.

깨달음이 큰만큼, 자비행 실천의 위신력도 커지게 된다.

번뇌가 보리가 되고, 불 속에서 연꽃이 피어나는 도리다.

이 대목이야 말로 관세음보살님께서 간곡하게 우리들

에게 일러주시는 절대긍정의 메시지, 절대희망의 메시지
이다.

참나, 자성불은 불생불멸이다. 영원한 생명이다.

우리의 참나는 죄업과 즐거움과 고통을 초월해있다.

아무리 죄업이 중하더라도 참나보다는 다 작다.

아무리 마음의 짐이 무겁더라도, 참나의 힘보다는 다 약
하다.

아무리 과제가 산더미만큼 크게 보여도, 우리 참나의 크
기 보다는 작고 작다.

일체가 어디에 있는가?

모든 것은 내 안에 있다.

내 안에 품을 수 있다는 것이다.

참나가 이기지 못할 고난은 없다.

참나 보다도 위대한 것은 없다.

고통이 몰려올 때라도 좌절하지 말고, 포기하지 말고,
방황하지 말고, 그 고통의 크기보다도 더욱 큰 힘을 내어
서 지극정성으로 대비주 수행을 해나갈 때에, 죄업을 소
멸하고 현생 중에서 원을 이루고 끝내 성불 한다는 소식
이다.

살아서도 괴롭고 죽어서도 삼악도의 고통을 겪을 그 과보를 부르는, 소멸하기 어려운 일체의 죄업도 소멸할 수 있는 길은 대비주를 외우는 것이다.

대비주 수행으로 모든 고통이 소멸된다.

관세음보살님의 대비주는 최상의 길을 여신다.

17 유쾌한 일류건달

번영하는 법이 있다.
조상님을 공경심으로 모시고 부모님께 효도하라.
부모님께 효도하고, 자식을 제대로 사랑하는 집은 일어난다.

삶이 유쾌한 한 분을 소개한다.

남들 보기에는 놀기 좋아하며 유쾌한 사람이라 그를 '일류건달'이라 부르기도 했다.

50대의 이 분은 태어날 때도 부잣집에 태어났다. 그는 아무 근심걱정 없는 듯이 보이고 자랄 때도 사랑을 듬뿍 받으며 자랐다.

그런데 그는 야간고등학교를 졸업했다. 흔히 야간 고등학교를 졸업했다고 하면, 집안에 도움이 되어야 하므로, 또는 학비를 벌기 위해 낮에 일하고 밤에 공부하는 야간고등학교 졸업을 하는 것이 아닐까 하고 생각 하는데, 이분은 중학생 시절에 너무 노느라고 야간고등학교에 갈 수밖에 없었다. 야간고등학교에 들어가서도 또 놀고 싶어 밴드부에 들어갔다.

물론 밴드부에 들어갔다고 해서 다 노는 것은 아니다. 그런데 이분은 고등학교 밴드부에서도 신나게 놀다가 대학교 갈 시절이 되어 대학교를 가긴 가야 했다. 그때 당시에는, 물론 경쟁이 치열한 곳도 있었지만 대부분은 요즘처럼 그렇게 입시가 치열하지는 않았다.

지금은 좋은 학교 가려면 머리 싸매고 공부를 해야 하고 한 때는 '사당오락'이라고 네 시간 자면 합격하고 다섯 시간 자면 떨어진다는 말이 유행처럼 번지기도 하는 치열한 입시경쟁 시대가 있기도 했었다.

그런데 이분은 그렇게 밴드부에서 놀면서 고등학교를 다녔는데도, 일류는 아니더라도 한 이류 대학교쯤에 덜컥 합격을 했는데 그것은 원서를 냈는데 마침 미달학과가 되어 합격을 한 것이었다. 미달학과인지도 모르고 원서를 냈는데 그야말로 운 좋게 합격이 된 것이다.

그렇지 않아도 놀기 좋아하는데다가 대학생이 됐으니 미팅이다 여행이다 하면서 실컷 놀다가 졸업을 했다.

이분은 사람이 워낙 좋아 주변에 사람이 늘 모여든다. 또 사람을 돕기도 좋아한다. 사회성 또한 안 좋을 수가 없다. 다른 사람들도 어찌된 셈인지, 모든 조건이 좋은 이 친구를 서로 도우려고 한다.

1988년도에 올림픽을 전후로 해서 붐이 일어난 사업들이 있었다. 고급 브랜드의 스포츠의류, 외국에서 들어온 고급 커피 전문점, 아이스크림 이런 것이 생겨나기 시작했다. 붐이 일자 대리점권을 따내기가 어려운 시절이었고 대리점권을 따내기만 하면 돈을 벌 수 있는 일이기도 했다. 그러나 또 대리점권을 따 낸다고 하더라도 실은 목 좋은 데에 점포를 얻는 것에 사업의 성공 여부가 달려 있기도 했다.

그런데 이 유쾌한 건달님은 대학을 졸업하고, 취직은 아예 할 생각도 하지 않고, 사업을 구상하는데 마음만 먹으면 관공서에서나, 혹은 거래처에서 적재적소에 있던 사람들이, 절묘하게 다가와서는 일이 되도록 만들어주는 것이다. 그는 정말 목 좋은 점포를 여러 개 가지고, 고급 브랜드 대리점을 운영을 해서 젊은 나이에 큰 부자가 되었다.

이 유쾌한 건달님이 이렇게 되는 데는 우리가 모르는 분명 뭔가 비결이 있을 것이다.

우선은 아마도 부자 마인드가 있을 것이고, 성공 노하우도 분명 있을 것이다.

그런데, 그것만이 이유가 아니라는 것을 불공을 올리면서 알게 되었다.

이 분은 새로운 사업을 시작할 때마다 부처님께 정성껏 공양을 올리는 분이기도 했다.

유쾌한 건달님의 고조부 때의 일이다.

한 해에 크게 흉년이 들고 기근이 심해져서 굶는 사람들이 속출했다.

거기에다가 전염병까지 돌아 병에 걸려 회복을 못하고 죽는 사람이 생겨나는 그런 시절이 있었다.

그때에 그의 고조부는 큰 부자였는데 땅도 많고, 또 창고에 씨종자들이 비축이 되어 있었다. 그의 고조부는 굶는 사람들을 위해서 창고를 열어 양식을 풀었다.

그리고 재산을 풀어서 약을 구해 병에 걸려 죽어갈 많은 사람의 목숨을 건진 것이다.

 ....

[해 설]

보통 한 사람에게 지중한 인연을 포함한 직접적인 인연이 300명가량으로 본다는 설이 있다. 그래서 누군가에게 도움을 줄 때, 그 사람뿐만 아니라 그분과 직접적인 인연을 맺고 있는 분 300명 정도가 함께 기뻐하는 일이 된다.

그와 반대로 한 명에게 상처를 주면, 그 한 명뿐만이 아니고 그분을 사랑하는, 그분과 지중한 인연을 맺고 살아가는 300명이 함께 상처를 입는 것이기도 하다.

300명 뿐만이 아니고 미래세, 혹은 후손들까지 합하면

한 명과 연결되어 있는 인연은 무한대라고 할 수 있다.

그리하여 한 명에게 예배 찬탄하고 공양을 올리는 것은, 무한대의 사람들에게 예배 찬탄하고 공양을 올려서 도움을 주는 일이 되는 것이고, 그 모든 분들이 나중에 좋은 인연이 되어 다가오는 것이다.

그러므로 한 명에게 공양 올리는 것이 이렇게 중요한 일이다.

한 명에게 공양 올리는 것은 관세음보살님께 공양 올리는 것과 조금도 다르지 않고 관세음보살님께 공양 올리는 것은, 또 수많은 분들에게 공양 올리는 것과 다르지 않다.

고조부님의 자비행으로 고손자인 이 유쾌한 건달님이 사업을 하겠다고 큰마음을 먹고 기회를 찾고, 또 일을 추진해나갈 때 결정적인 순간에 절묘하게 좋은 인연으로 나타나서, 그 대리점 계약을 이룰 수 있도록 해주고 목 좋은 장소에 자리를 잡을 수 있도록 귀인 역할을 한 사람들 중에 이 유쾌한 건달님은 알 수 없었지만 어떤 사람들은 고조부 덕분에 직접 목숨을 건진 사람도 있고, 또 어떤 사람은 고조부대에서 도움을 받았던 그 후손도 있었다.

관세음보살님이 설하신 대비주 수행이 이런 좋은 인연
이 드러나고 불연佛緣으로 인연을 맺는 수행인 것이다.

18 원인을 알면 고통은 해결된다

용서하고 용서 받으면 인연병 풀린다.

내 마음 청정히 맑히면서 환경병 낫는다.

원래대로 풍요롭고 형통해지는 사랑으로 회복 된다

칠순을 맞이하는 부모님이 계셨다

이 노부부는 하나뿐인 아들이 예쁘고 착하고 복 많은 며느리를 맞아 빨리 장가를 가는 것이 소원이었다.

딸과 사위가 "칠순잔치를 어떻게 할까요?" 하고 상의를 하면 "칠순잔치는 해서 뭐 하겠노? 며느리도 못 봤는데…" 이렇게 이야기를 한다고 한다.

딸은 시집을 가서 아주 잘 살고 있는데, 아들이 장가를 안 들었으니 칠순잔치를 하더라도 잔을 따르며 절을 할 며느리가 없어서 잔치를 못하겠다고 하소연을 하며 상담을 청해왔다.

스님께 상담을 와서는 아들이 장가를 안 가서 사는 낙이 없다고 한다.

이 아들은 주변에서 선을 볼 수 있도록 주선을 해도 펑크를 내고는 장가를 안 가겠다고 한다.

그런데 이 보살님이 대비주 기도를 시작하고 나서, 신기하게도 아들이 이야기를 하기 시작했다.

"어머니, 사실은 제가 사귀는 아가씨가 있어요" 한다.

기도하기 전에는, 말도 못 꺼내게 하고 무조건 "선 안 보겠다, 결혼 안 한다." 이렇게 전혀 자기 뜻을 밝히지 않던 아들이, 어머니가 기도를 하면서부터 마음을 열게 된 것이다.

이야기인 즉, 오래 전부터 사귀는 아가씨가 있는데 헤어졌다 만났다를 반복하고 있다고 했다.

둘이서 사랑은 하는데 만날 때마다 싸워서는 헤어지고, "이제는 영영 끝이다" 하고 헤어졌는데, 하루 밤 지나고 나면 또 보고 싶어서 다시 만나게 된다는 것이다.

사랑하는데 어떻게 만날 때마다 싸워서 매번 헤어질까?

아들이 올해 마흔이니 서로 나이도 차고 집에서도 결혼 이야기를 하니 결혼에 대해서 둘이서 상의를 하다 싸우고 헤어진다는 것이다.

만나서 싸우고 헤어지고, 만나서 싸우고 헤어지고 하는 것을, 한 10년 가까이 했다는 것이다

이들은 결혼을 할 수도 없고 헤어질 수도 없는 상황이었다.

이제서야 "사실이 이렇습니다" 하며 어머니께 상의를 하게 된 것이다.

일산 법상스님의 대비주 수행 예화편

어머니는 그리하여 스님께 다시 상담을 하게 된 것이다.

이 남녀에게는 과거생 인연이 있었다.

이 남녀는 과거생에도 둘이는 사랑하는 사이였다.

그런데 신분 차이가 크기 때문에 결혼을 할 수가 없는 사이였다. 집에서도 결코 결혼은 할 수 없다고 반대를 하고 본인들도 신분의 차이를 잘 알고 있었다.

고민 끝에, 이 여인이 먼저 저수지에서 몸을 던져서 스스로 목숨을 끊었다.

이 여인이 죽을 때 과연 어떤 마음이었을까?

사랑하는 사람과 헤어지는 그 아픔, 결혼할 수 없는 그 한恨, 그리고 신분차이로 결혼은 제대로 못한다고 할지라도, 자기를 데리고 어디 멀리멀리 떠나서 함께 살자고도 하지 않는 그 남자에 대해 원망하는 마음, 이런 것들을 안은 채로 목숨을 던졌을 것이다.

또 남자는 남자대로, 시간을 좀 두고 부모님을 설득한다거나 다른 방법을 강구해서라도 결혼을 하거나, 사랑을 계속해서 지속할 수 있었으면 좋았을텐데 먼저 떠나다니…하면서 아픔을, 상처를 크게 가졌다.

결국 이 남자도 한을 품고 따라서 죽었다.

이렇게 자살했던 두 사람의 과거 인연, 그 인연이 아직까지 그 한이 풀리지 않고, 애증이 해결되지 않은 상태에서 이번 생에서 다시 만난 것이다.

그러니까 제대로 이루어질 리가 없지 않은가.

마음 깊은 곳에서 원망하는 마음이 있고, 못미더워 하는 마음이 있으니까 서로에게 그런 것들이 작용을 하게 되는 것이다.

그렇다면 이 두 사람이 결혼을 하게 될 경우에는 어떤 일이 벌어질까, 예측을 할 수가 있다.

과거에 지은 그 업으로 이번 생에도 영향을 받게 되고, 또는 그 업을 변화시킬 수도 있고, 또 변화시키지 않은 상태에서 결혼을 하게 될 경우에는, 지속되는 그 업력의 힘에 이끌리기가 쉽게 된다.

이들이 결혼을 하게 될 경우에는, 과거에 스스로 목숨을 끊은 과보로 자식이 없을 수가 있다.

이 어머니는 기도를 하면서 자기 아들의 과거, 또 이 여인의 과거를 보면서, 마치 자기가 자기 아들인 것처럼, 어떤 때는 자기가 그 아들의 여인인 것처럼 느끼면서, 눈물을 흘리면서, 대비주를 고성으로 정진했다.

아들이 직접 기도를 하면 훨씬 좋겠지만 어머니가 이렇게 정성을 다해서 기도를 해도, 아들의 문제도 해결을 해 줄 수가 있는 것이다

이렇게 재경험을 하게 되면 업연이 슬슬 풀어진다.

마음속에 맺힌 원결, 응어리, 한을 풀어버리면 이제는 둘이 서로 봐도 편안하다. 안 만나도 편안하고, 만나도 좋고, 이런 상태가 된다.

이럴 때에, 정말 서로 장래를 기약할 수 있는지 판단을 해서 결혼을 할 수도 있고, 또 아니라면 결혼을 안 할 수도 있게 된다.

만약에 결혼을 하게 된다면, 과거의 그 업연을 먼저 기도로서 풀었으니 앞으로는 복을 더 지어야 되겠다.

법보시, 생명 방생도 많이 하며 자식 인연도 좋도록 기도를 끊임없이 해야 될 것이다.

[해 설]

대비주를 지극정성으로 독송할 때에 문제가 있다면 그 문제의 원인이 그대로 드러나게 되어 있다.

원인이 드러나면서 해결책도 그대로 밝혀진다.

해결할 수 있는 길이 있고, 해결할 수 있는 방법을 알았을 때는, 그 방법을 실제로 실천을 해서 고통에서 벗어날 수가 있다

자기가 지금 겪고 있는 고통은 자기 허물이다.

마음의 짐, 번뇌 망상도 자기 허물이고, 또 몸이나 사람 관계에서나 환경에서, 세상에서 겪는 고통도 내가 무엇을 닦아야 할 것인가 알려주는 스승의 역할을 하는 분들이나 일들이다.

관세음보살님의 화현으로 나타난 일이요 사람이다. 내가 지금 겪고 있는 것은 나의 허물로 인한 것이다, 이런 관점을 가지고 자기 허물이나 닦을 거리를 인정을 하고 찾아서 고칠 때에 향상이 빠르게 이루어진다.

일산 법상스님의 대비주 수행 예화편

자기 마음 자기 몸, 인연이나 환경 세상, 자기 삶의 살림 살이에서 나타나는 것을 자기 것으로 인정하지 않고, 남 탓을 하거나 떠넘기거나, 변명하거나 아닌 척 할수록 늦어 진다.

　우리의 수행은 먼저 업장을 소멸하는 기도가 되고, 그 다음에는 소원성취가 되는 기도가 되고, 그 다음은 깨달음 으로 나아가는 기도가 될 수 있도록, 끊임없이 행복한 마 음으로 수행을 해야 되겠다.

19 벼룩 훈련법

불평 불만 남탓은
'너에게 내 행복 달렸다.' 라는 뜻이다.
내 삶의 주인공이 내 자신임을 잊었을 때다.

벼룩은 땅바닥에 놓으면 천정까지 뛸 수 있는 놀라운 점 프력을 가지고 있다.

그 벼룩을 병에 담아 놓고 뚜껑을 덮어 놓는다.

그 병 안에서 한참을 뛰던 벼룩은 기껏 뛰어 봐야 그의 한계가 병뚜껑인 것을 느끼게 된다.

"아, 내 능력은 병뚜껑이로구나."

하고 스스로 자기의 한계를 한정시켜 버리고 만다.

그때에 병뚜껑을 열어 놓는다.

이 때야 말로 천정까지 뛸 수 있는 절호의 찬스임에도 불구하고 "아! 내가 뛰어봐야 병뚜껑이야."하고 뛰는 것을 포기 하고 만다.

— 지그 지글러Zig Ziglar의 〈정상에서 만납시다〉 중에서

[해 설]

벼룩이 스스로 생각하기를 '나는 점프를 10센티 정도만할 수 있다' 이런 생각을 하고 있는 이것이 바로 아상·인상·중생상·수자상 중에 '나는 어떠하다' 하는 아상我相이다.

이 벼룩이 결혼을 해서 아들, 딸을 낳았다고 가정을 해보자.

아들, 딸이 태어나서, 아들이 몇 센티 정도까지 점프할수 있을 거라고 생각할까.

나와 마찬가지로 우리 아들도 10센티 정도 밖에 점프를 못할 것이다, 이렇게 생각할 것이다. 나 말고 '네가 그렇다' 는 것은 인상人相이다.

이렇게 해서 고정관념과 편견과 자기한정이 만들어지는 것이다.

뚜껑을 열었기 때문에 이 벼룩은 껑충 뛰어 올라서 밖으로 나올 수 있는데, 점프를 하긴 해도 10센티 정도하고 다시 병 안에 갇히고 말게 된다.

이것이 바로 자기한정이다.

'태의 몸'에 갇혀 있기 때문에 벗어나야 된다.

자기 한정에 빠져 있는 분들은 대비주 수행을 할 때에 이런 것들이 다 걷힌다.

자기 한정이 걷힌다.

자기 한정이 사라지고, 편견이 사라지고, 색안경을 벗게 되어, 있는 그대로의 실상을 보게 된다.

자기 자신을 있는 그대로를 봤을 때, 자기가 모르고 있던 자기의 가능성, 무궁무진한 잠재력이 이미 갖추어져 있다, 하는 사실을 바로 보게 되는 것이다. 대비주 수행을 통해서 자기를 바로 보았을 때 이렇게 되는 것이다.

자기를 바로 볼 때에, 다른 사람이나 세상도 바로 볼 수 있게 된다.

20 임산부 사례

내가 지은 지혜 복덕은 어디 가질 않는다.

내 책임으로 보라.

내 책임이기 때문에 내가 할 수 있는 가장 쉬운 일이다.

대비주 수행으로 지혜 복덕이 수직으로 올라간다.

이 글은 대비주 수행자인 요가수련원 원장님의 수행일기로 밝혀진 이야기다.

가. 임산부 현이 사례

요가 수련원에서 만난 고등학교 제자인 현이는 결혼 한지 4년쯤이 되어도 아기가 없었다.

열심히 수련하던 현이에게 임신소식이 들렸다.

임신을 하자 자연스럽게 임산부요가로 바꾸었고, 회사일이 바쁘다고 요가수업을 빠지는 일이 잦았다. 그러던 어느 날 걱정스러운 얼굴로 수업에 나왔다. 아기의 위치가 거꾸로 들어섰다는 것이다. 대부분 임산부 요가 수련을 열심히 하면 자연스럽게 해결되는 경우를 많이 봐 왔으므로 열심히 할 것을 권했다.

몇 달은 밝은 표정을 짓던 현이가 다시 어두워졌다.

아기가 다시 거꾸로의 위치로 돌아갔다는 것이었다.

출산 예정일이 임박하고 아기의 위치가 그러하니 제왕

절개를 병원에서는 권한다고 했다.

불교신자는 아니었지만 깊은 신뢰가 바탕이 되어 있는 사이라 선생님의 이야기에 전적으로 동의하여 대비주를 매일 108독을 독송할 것을 권했고 그녀는 꼭 약속을 하고 독송을 시작 하고 요가수련도 열심히 하였다.

예정일이 임박한 일주일 전쯤인 어느 날, 진료결과 아기가 제자리로 돌아왔다는 것이다.

그 짧은 시기에 아이가 제자리로 돌아오기란 여간 어려운 일이 아니다.

무한가피로 밖엔 설명이 어렵다.

불자는 아니었지만 그녀와의 깊은 신뢰가 바탕이 되었고, 매일 수행을 하였기에 이룬 기적이라고 본다. 출산까지 정말 열심히 다라니를 독송했고 예쁜 공주님을 순산했다는 이야기를 전해온 경우다.

나. 임산부 K씨의 사례

K씨는 임신 초기부터 38주가 될 때까지 아기가 거꾸로 자리잡고 있는 상태였다.

　　　　일산 법상스님의 대비주 수행 예화편

임신 중기부터 임산부 요가를 시작했는데 아기가 요지부동이었다.

다라니 독송을 권하긴 했지만 요지부동인 아기여서 병원에서는 수술 날짜를 잡자고 했다.

산모는 심란해서 울상이 되어 어찌하면 좋겠는가 의논을 해왔다. 대비주를 권했으나 시간이 없어 제대로 못했다고 했다.

그래서 이번에는 시간이 촉박하고 다급하니 108독 이상을 지성심을 갖고 외우라고 권했다.

그리고 정확히 5일이 지난 날, 그녀가 병원에서 진단하니 아기가 제 위치로 왔다고 활짝 웃으며 소식을 전해주었다.

열심히 출산일까지 기도했고 가족들의 축복 속에 튼실한 왕자님을 순산했다.

소리명상, 만트라 즉 신인의 힘의 파장은 실로 크다.

이것을 증명하는 것은 일본 작가 에모토 마사루 가 쓴 <물은 답을 알고 있다>에 과학적으로 접근 증명되고 있고, 우리 매스컴에서도 식물에게도 또 밥을 유리병 속에

넣고 실험하여 증명을 하고도 있다.

그는 이렇게 대비주 수행 신행체험기에 적고 있다.

[해 설]

재앙을 없애어 청량을 얻게 하는 게송 중에

여인이 어렵게 아기 낳을 때
삿된 마군 장애놓아 괴로울 때도
지성으로 대비주를 지송한다면
귀신은 물러서고 편히 낳으리.

- 다라니경 14-

산모가 대비주 수행을 지송할 때 태아는 어떻게 느낄
까?

태아를 마음으로 느끼면서 태아와 대화를 해 본다면 엄
마가 대비주를 지송할 때 태아가 마음으로 이렇게 전해줌니다.

'엄마가 대비주를 지송할 때에 나와 아빠와 온 집안 공간에 밝고 따뜻한 빛이 환하게 비추어지는 것 같아요.' 이렇게 이야기 한다.

'그 빛이 주변으로 넓게 넓게 퍼져 나가요.' 이렇게 이야기하기도 한다.

엄마가 대비주를 지송할 때에 온 마음 온 세포가 빛을 발한다

뱃속의 아기도 그 대비주 지혜·자비광명을 그대로 느끼게 된다.

우리 선조들은 출산한 아기와 산모를 위해 금줄을 치고 산바라지를 정성껏 했다.

갓난아기는 순수하다. 몸과 마음이 맑고 깨끗하다.

신심이 아주 맑고 깨끗하기 때문에 가족들의 마음 또 주변사람들의 마음 파장 분위기를 그대로 느껴서 영향을 받게 된다.

그러므로 공포와 부정한 기운을 없애고 맑고 따듯하고 밝은 기운을 들이기 위해 금줄을 치고 가려서 아기가 있는

곳에는 출입을 하게 하는 것이다.

출산 전후에는 특히 악업을 짓지 말고 선업을 행하라는 가르침이다.

아기를 위해서 방생하고 보시하며 대비주 기도를 부지 런히 해주면 좋다.

우리도 지극하게 대비주 한편만 해도 마음이 편안해지 기도 한다.

그런데 이렇게 맑고 순수한 아기는 더욱더 생생하게 느

낄 수 있는 것이다.

그러므로 대비주는 아기의 건강, 산모의 건강까지도 지켜주는 관세음보살님의 신묘한 진언이 되는 것이다.

21 환청과 환시

소중한 공양 자기한테 올려라.
자기의 영원한 참생명을 깨어나게 하는 공양은 중요하다.

한 청년이 어릴 때부터 악몽에 시달렸다.

잠을 자다가 가위에 눌려서 비명을 지르면서 잠을 깬다.

같은 악몽을 어릴 때부터 계속 20살 때까지 꿨다.

잠을 자는데 누군가 나타난다.

노파가 나타나는데 머리를 길게 풀어헤치고 긴 창을 들고 잠을 자고 있는 청년을 향해서 찔러 죽이겠다면서 달려온다.

그 꿈을 꿀 때 비명을 지르면서 깨어난다. 이런 꿈을 반복해서 꾼다.

번번이 비명을 지르면서 잠을 깨기 때문에 제대로 잠을 잘 수가 없다. 건강이 많이 악화가 되었다.

한창 공부에 전념할 나이에 이런 문제에 시달리면서 여기에만 매달리게 되었다.

병원 진료를 받고 약물을 계속해서 복용을 해오는데도 몸은 점점 축이 나고 좀 괜찮은가 싶으면 또 재발하고 가족들도 큰 아픔이다. 큰 고민이다.

20년 동안 이런 병을 앓아오면서 병원에 다니고 또 가지가지 종교, 여러 가지 의식도 다 치렀다고 했다. 무속인이 될 수밖에 없다는 이야기도 여러 번 들었다.

청년은 그런 고통 가운데서도 고등학교를 졸업하고 나서 드디어 대비주를 만났다. 대비주를 부지런히 외우고부터 어느 날은 잠을 잘 때는 그 악몽을 꾸지 않고 깊이 잠을 잘 수가 있었다.

계속해서 외웠다.

점점 그 악몽을 꾸는 횟수가 줄어들었다. 그러다가 대비주를 정말로 외우고 익숙해지니까 잠잘 때도 신묘장구대다라니를 외울 수 있을 정도가 되었다.

가끔씩 이 머리를 풀어헤친 노파가 긴 창을 들고 찔러 죽이겠다면서 달려올 때 꿈에서도 대비주를 외운다.

꿈에서 신묘장구대다라니를 지극하게 외우면 이 노파가 긴 창을 들고 쫓아오다가 주춤주춤 뒤로 물러서서 도망을 가버린다.

나중에는 한번만 꿈속에서 외워도 그냥 달아나고, 나중에는 신묘장구대다라니 제목만 외워도 이제는 물러갔다.

그 후 그는 완전히 해결이 됐다.

일산 법상스님의 대비주 수행 예화편

20년간의 악몽이 대비주를 만나고, 대비주 수행을 하면서 드디어 해결이 됐다.

가지가지 방법으로 해결을 하려고 노력을 했지만 안 되다가 드디어 관세음보살님의 대비주를 만나서 오랜 병고에서 이제 벗어난 것이다.

청년의 꿈이 잠잠해지고 건강이 회복되고, 마음이 안정되면서 모든 일이 안정이 됐다.

나중에 듣게 된 이야기에 의하면 늦게 대학교에 입학해서 졸업을 했다는 소식이 들려왔다.

[해 설]

"만약 능히 여법히 지송하되 모든 중생에게 자비심을 일으키는 자는 내가 마땅히 일체 선신과 용왕과 금강밀적(金剛密跡)을 보내어 항상 그를 따라 옹호하여 그 곁을 떠나지 않게 하되 마치 자기 눈동자나 자기 목숨을 보호하듯이 하리라."

꿈속에서 만나는 이 노파가 실제로 있을까?

꿈속에서는 분명히 있다. 그런데 꿈을 깨고 나면 꿈속 일일 뿐 실제로는 없다.

도깨비나 잡귀들이 실제로 있을까?

만나는 사람, 그 사람에게는 분명 있다.

없는 사람한테는 없다.

어떤 것이 옳을까?

이것은 옳고 그름의 문제가 아니다.

꿈꾸는 자는 꿈속에서 쫓아오는 호랑이를 분명히 만난다.

그럴 때는 꿈에서 깨어나게 하는 것이 해결책이다. 꿈에서 깨고 나면 꿈속의 일 일뿐이다.

꿈에서는 있고 꿈에서 깨어나면 없는 것이다.

이렇게 환청幻聽에 시달리고 환시幻視에 시달리고 악몽에 시달리는 분들은 대비주를 부지런히 지성심으로 자비심으로 신심으로 외우면 이 고통에서 벗어날 수가 있다.

대비주 수행을 권한다.

꿈속의 꿈이여,

깨고 나면 일체가 헛것

쫓던 노파도 쫓기던 나도

본래 없었네.

"내 이제 금강밀적과 비사사 무리와 용왕과 금강역사 신모녀 등 오백 권속 대력야차에게 명하노니 이 다라니 수지자를 옹호하여 라."

하고 관세음보살님께서 일체 화엄성중들의 명호를 일일이 부르면서 분부를 내리고 계신다. "항상 대비주 수행자를 보호하되 마치 자기 눈동자나 자기 목숨을 보호하듯이 보호하라." 하고 관세음보살님께서 화엄성중님들께 일일이 명하고 계신다.

그런데 이들 모든 선신과 용왕과 금강역사(金剛力士)와 신모녀(神母女) 등은 각각 오백 권속이 있으며 또한 대력야차(大力夜叉)가 있어서 이 대비신주(大悲神呪)를 지송하는 사람을 항상 옹호할 것이니… 자, 어떻게 옹호하는가 보자.

그 사람이 만약 산이나 넓은 들에서 홀로 잠자고 있을 때에 이 모든 선신들은 번갈아 보호하여 재난을 없애 줄 것이며, 우리들이 삶을 살아갈 때에, 원을 세워서 수행해

나갈 때에, 항상 화엄성중들께서 번갈아서 보호해 주시고 재난을 없애준다.

이렇게 항상 옹호하고 앞길을 열어주시는 그 화엄성중님들이 누군가?

우리들이 오늘 만나는 한 분 한 분들은 화엄성중님들이다. 어떻게 생겼고, 어떤 모습으로 보이더라도 내가 오늘 만나는 분들은 화엄성중들이다.

또 다른 경전에서 말씀하시기를 화엄성중은 부처님의 화현이다, 이렇게 말씀하고 계신다. 화엄성중은 부처님의 화현이고, 화엄성중은 또 오늘 내가 만나는 사람 한 분 한 분들이다.

내가 오늘 만난 사람이 부처님이요 화엄성중인데, 그 한 명과 대립하고 갈등해서 불화하는 것은 바로 부처님과 불화하는 것이다.

부처님의 무한공급, 풍요의 물줄기가 그 한 명과 대립하고 갈등하고 벽을 형성해 두는 것으로 인해서 풍요와 무한공급의 물줄기가 막힌다.

일산 법상스님의 대비주 수행 예화편

아버님께 어머님께 형제자매들에게, 내가 오늘 만나는 모든 분들에게 자비심을 회복해 자비로운 마음으로 대하고 자비행을 실천할 때에 그분들이 화엄성중으로 불보살님의 화현으로 나에게 길을 열고, 옹호해 주고, 재난에서 구해주는 역할을 해준다는 말이다.

22 아홉 마리 암소

사랑을 가득 쏟아 부어야 할 대상은 **나** 이다.
완전히 갖추고 누릴 수 있는 미래불인 나를 위하고 사랑하라.

어떤 의사가 아프리카 어느 외진 마을에서 의료봉사를 하고 있었다

교통과 통신이 불편할 뿐 마을은 매우 풍요롭고 아름다웠다.

목축과 농사를 주로 하는 이 마을에서 의사는 금방 마을 사람들과 친해졌고,

특히 외국에서 공부를 하고 귀향한 젊은 청년 한사람과는 친형제처럼 친하게 지냈다.

이 청년은 젊은 나이에도 불구하고 선진 영농기법과 축산기술을 배워 이 마을에서도 가장 부유한 축에 끼었고, 장차 커다란 기업을 일으켜 빈곤에 허덕이는 조국의 사람들을 위해 열심히 일하겠다는 꿈을 지닌, 그야말로 장래가 촉망받던 청년이었다.

당연히 혼기가 늦어진 이 청년의 결혼에 대해 사람들은 많은 기대를 하고 있었다.

이 마을에서는 결혼을 하려는 청년이 가축을 끌고 처녀

의 집에 가서 장인 될 사람에게 "이거 받고 딸 주쇼" 라고 청혼을 해야 하는 풍습이 있었다.

정말 훌륭한 신부감에겐 살찐 암소 세 마리를 주는데 이 '암소 세 마리' 는 이 마을이 생겨난 이후로 단 두 사람뿐이었다고 한다.

좋은 신부감에게는 보통 암소 두 마리를 주면 청혼이 승낙되고 보통 신부감은 암소 한 마리 정도면 승낙이 되는데, 그 암소가 살찐 암소냐 아니면 늙은 암소냐 하는 것은 전적으로 청년의 사모하는 정도에 달렸다.

대개의 아낙네들은 빨래터나 우물가에 모여 앉아서 누구는 염소 두 마리에 시집 온 주제에 잘난 체를 한다는 둥 "내가 이래봬도 암소 두 마리였어" 라는 둥 입방아를 찧었는데, 이렇듯 시집 올 때의 청혼선물의 과다에 따라 여인의 몸값이 정해지는 일이 비일비재 했었다.

이 의사가 어느 날 피곤한 하루 일을 마치고 잠시 창가에 앉아 차 한 잔을 하면서 쉬고 있는데 갑자기 길거리가 떠들썩해지기 시작해서 밖을 내다보니 사람들이 우루루 몰려나와 노래하고 소리쳐 축복의 말을 하고 있는 가운데

일산 법상스님의 대비주 수행 예화편

자기가 매우 친하게 지내는 바로 그 청년의 모습이 나타났다.

결혼하고 싶어 하는 청년이 소를 끌고 집을 나서면 보통은 그 친척들과 친구들이 뒤를 따라가며 어느 집으로 가는지를 확인하고 축하해주며 청혼사실과 승낙여부에 대한 증인이 되어주는데, 이 부자 청년에 대한 마을의 기대를 반영하듯 온 동네 사람들이 몰려나와 이 청년이 어느 집으로 갈 것인가를 궁금해 하며 뒤를 따라가다 보니 마치 동네 축제처럼 행진이 되어버린 것이다.

게다가 이 청년이 몰고 나온 청혼 선물은 놀랍게도 '살찐 암소 아홉 마리' 였다.

사람들이 놀라서 술렁댄 것은 당연한 것이고, 그도 그럴 것이 아홉 마리의 암소면 그 동네에선 당장에라도 팔자가 늘어진 '있는 축' 에 낄만한 재산이기 때문이었다.

이 청년은 마을 촌장의 집도 지나가고, 바나나 농장의 시역 유지의 집도, 이 마을 학교 여선생네 집도 지나치면서 흙먼지 일어나는 길을 계속 걸었다.

그렇게 한참을 걷더니 어느 허름한 집 앞에 멈춰 서서

는, 남루한 노인의 집 기둥에 아홉 마리 암소의 고삐를 매었다.

그리고는 그 노인의 딸에게 청혼을 하는 것이었다.

그런데 그 노인의 딸은 큰 키에 비해 너무 마르고 심약해 보이는 초라한 여자였다.

암소 한 마리에 청혼할 상대에 불과한데 암소 아홉 마리를 데리고 간 것을 보고 동네 청년들이 수군거리기 시작했다.

심지어는 그 처녀가 마법으로 청년을 홀린 것이 틀림없다는 소문까지 돌게 되었다.

그 후 의사는 의료봉사를 마치고 본국으로 돌아왔다.

가끔 그 청년을 생각할 때마다 그가 왜 아홉 마리의 암소를 몰고 그 보잘것없는 처녀에게 청혼을 하였는지에 대해 궁금해지곤 했다.

오랜 세월이 지나 휴가 차 다시 그 마을을 찾아간 의사는 큰 사업가가 되어 있는 옛날의 그 청년을 다시 만나게 되었고 저녁 식사에 초대를 받았다.

일산 법상스님의 대비주 수행 예화편

식사를 하면서 의사는 청혼 선물로 과도하게 아홉 마리를 건네 이유를 물어 보았다.

그는 빙긋 웃을 뿐 별다른 이야기를 하지 않아 이 의사의 궁금증만 더욱 커져 갈 즈음에 찻물을 가지고 한 여인이 들어왔다.

의사는 많은 백인 여자와 흑인 여자를 보아왔지만 이처럼 아름답고 우아한 흑인 여인을 본 일이 없었다.

그 우아한 자태와 유창한 영어, 그리고 사람의 마음을 편하게 해주는 미소까지…

의사는 마음속으로 '아~ 이 사람이 그때의 말라깽이 처녀 말고 또 다른 아내를 맞이했구나. 하긴 저 정도는 되어야 이 사람과 어울리지' 라고 생각하였다.

그런데 청년 사업가가 천천히 찻잔을 내려놓으면서 찻물을 두고 나가는 아름다운 여인의 뒷모습을 그윽한 눈으로 쳐다보면서 말을 시작했다.

"선생님, 저 사람이 그때의 그 심약했던 처녀입니다."

의사의 놀린 모습을 바라보며 청년 사업가는 말을 계속해 나갔다.

"저는 아주 어렸을 때부터 저 사람을 사랑했고. 외국에서 공부하던 긴 세월 속에서도 저 사람의 맑고 고운 눈동자를 한시도 잊을 수가 없었고, 저는 당연히 저 사람과의 결혼을 꿈꿔 왔습니다.

선생님도 아시다시피 우리 마을에선 청혼의 관습 때문에 몇 마리의 암소를 받았느냐가 여자들의 세계에선 중요한 문제였습니다. 그런 관습을 무시할 수는 없었기에 저도 청혼을 위해선 가축을 몰고 가야만 했습니다.

사실 제 아내는 한 마리의 암소면 충분히 혼인 승낙을 얻을 수 있었지만, 문제는 그 청혼의 순간에 몇 마리의 암소를 받았느냐가 평생의 자기가치를 결정할 수도 있다는 점이었습니다.

저는 아내를 사랑했습니다. 그것은 너무나도 사무치는 제 소중한 감정입니다. 저는 제 아내가 스스로 자신의 가치를 한 두 마리의 암소 값에 한정 하고 평생을 사는 것을 원치 않았습니다. 자신을 두 마리나 세 마리를 받았던 처녀들과 비교하면서 움츠려져 살게 하고 싶지 않았습니다.

청혼 때 몇 마리의 암소를 받았느냐가 평생 동안 자기가치를 결정할 수 있기 때문에 저는 세 마리를 훨씬 뛰어

넘는 아홉 마리를 생각해 낸 것입니다.

아내는 그 후로 자신의 가치를 아홉 마리에 걸맞게 하려고 노력했던 것 같았습니다. 항상 저의 사랑에 대한 자신감을 느낀다고 했습니다.

결혼하고 나서 저는 아내에게 공부를 하거나 외모를 꾸미는 것을 요구한 적이 없었습니다. 있는 그대로의 아내를 사랑했고 또 사랑한다고 이야기 해주었을 뿐입니다.

처음에는 무척 놀라하던 아내가 차츰 저의 진실을 받아들이기 시작했습니다.

'혹시 나에게 암소 아홉 마리의 가치가 있는 것은 아닐까?' 라고 생각하기 시작하는 것 같았습니다.

그 후로 아내는 암소 아홉 마리에 걸 맞는 사람으로 변하기 시작했습니다.

그러는 사이 아내는 더욱 건강해지고 아름다워져 갔습니다.

저는 아내의 예전의 모습이나 지금의 모습이나 똑같이 사랑하지만 이제 아내는 결혼할 당시의 모습보다 지금 자신의 모습을 더욱 사랑하는 것 같습니다.

처음엔 수군거리던 동네 아낙들도 요즘 제 아내의 밝은

미소를 사랑해줍니다."

 ....

[해 설]

관세음보살님께서는, 모든 중생들에게,

그대는 본래불이다.

그대는 미래불이다.

그대는 광대보리심해서 서도일체중생誓度一切衆生 할 사람이다.

일체중생을 제도할 만한 무한능력과 지혜와 자비를 갖추고 있는 위대한 존재다.

이렇게 대우해 주고 계신다.

모르고 있다면,

아직까지 썩히고 있다면,

깨달아라.

얼른 꺼내고 발휘해서 정말로 그렇게 살아라.

일산 법상스님의 대비주 수행 예화편

이렇게 간곡하게 말씀하고 계신다.

관세음보살님이 진실된 눈으로 보시듯이, 우리도 오늘 만나는 사람들에게 '그대는 본래불입니다!' 이렇게 대하면서 평등심을 일으켜 예배, 찬탄, 공양 올려야겠다.

예배, 찬탄, 공양은 생명을 살려주고 키워주는 방생이다.

방생 중에서 가장 먼저 해야 할 방생, 가장 중요한 방생, 가장 시급한 방생은, '자기 방생'이다.

무한 능력이 지혜와 자비가 잠자듯이, 죽어 있듯이, 썩고 있는 것을 일깨워서 발휘하는 것이 자기 방생이요, 참나 방생이다.

자기 방생을 잘해야 남 방생도 잘할 수 있다.

나를 위한 최상의 방생은 수행이다.

남을 위한 최상의 방생은 전법傳法이다.

부처님 말씀을 전해 함께 수행의 길로 들어서게 하는 것, 이것이 남을 위한 최상의 방생이다

이것이 우리들 대비주 수행자의 최상의 길이며 행복한 삶이다

23 소와 호랑이의 사랑법

바깥에서 아무리 찾아도 없다.
지금 여기,
지금 내 삶에서 찾을 수 있다.

소와 호랑이가 있었다.

둘은 죽도록 사랑했다.

둘은 혼인해 살게 되었다.

소는 최선을 다해서 맛있는 풀을 날마다 호랑이에게 대접했다.

호랑이는 싫었지만 참았다.

호랑이도 최선을 다해서 맛있는 살코기를 날마다 소에게 대접했다.

소도 괴로웠지만 참았다.

참다 참다 드디어 소와 호랑이는 다툰다.

"나는 당신을 위해서 최선을 다하고 있다."

"나도 마찬가지로 당신을 위해서 최선을 다하고 있다."

자기가 최선을 다한 것만 이야기 하다가 결국 크게 싸웠고 둘은 끝내 헤어지고 말았다.

소는 소대로, 호랑이는 호랑이대로 헤어지면서 서로에게 한 말은

"난 최선을 다했어." 였다.

[해 설]

관세음보살님의 열 가지 원, 십원十願이 있다.

그 중에는

대자대비 관세음께 귀의합니다.

일체법을 어서속히 알아지이다.

"일체법을 어서 속히 알아지이다." 이렇게 발원을 할 때, 원이 이루어진다.

일산 법상스님의 대비주 수행 예화편

"일체법을 알아지이다." 이렇게 원을 세웠는데 우리가 어떤 법이 얼른 알아졌으면 좋겠는가?

아마도 뭐니 뭐니 해도 돈 잘 버는 법, 성공하는 법, 같은 것이 궁금하기도 할 것이다.

사랑하는 방법, 사랑의 기술, 이것이야말로 우리들이 알아야 할 제일 중요한 일체법 중의 하나이다.

대자비심은 그대로 일체가 사랑이다.

24 대비주의 힘

> 우리 본성 우리 근원이 부처님 계신 자리이다.
> 여기서 모든 것이 나오고 흘러 들어가는 자리다.
> 생각, 말, 행, 일체 만상만물이 여기서 나온다.

대비주 집중수행인 7일7야 기도 후 쓴 9살 이주현양의 수행일기이다.

초등학교 3학년이 채 되기 전 겨울.

할머니, 엄마와 주현이는 7일을 낮과 밤 꼬박 4시간씩이 넘는 대비주 수행을 꼿꼿이 앉아 기도했다.

엄마를 따라 6살부터 부처님 전에 오게 된 주현이는 어느 어른 보살님보다도 더욱 자세기 좋게 수행을 한다.

어른들이 주현이가 수행 하는 것을 보고는 힘들어 지칠 때가 있더라도 더욱 열심히 기도를 하게 된다.

그런 주현이의 수행의 힘을 느껴보자.

제목 : 힘

힘, 힘, 힘, 힘은 쓰라고 있는 것이다.

힘, 힘, 힘, 힘은 항상 강력하고 당당합니다.

힘, 힘, 힘, 힘처럼 우리도 항상 강력하고 당당하게 삽시다.

제목 : 놀이터

놀이터, 놀이터는 항상 웃습니다.

"하하, 호호"

아이들도 언제나 즐겁습니다.

"깔깔 깔깔"

모두다~ 즐겁습니다.

"하하 호호 깔깔 깔깔 낄낄"

항상 재밌고 신나는 놀이터입니다.

제목 : 텔레비전

텔레비전 네모난
텔레비전 웃기는
텔레비전 감동스럽고, 슬프고, 행복하고.
항상 감정은 다르네
텔레비전 있어주어서 고마워.

 ....

[해 설]

이 마음의 경지, 마음의 상태를 느껴보라.

초등학교 3학년 올라가는 어린 아이인데 장장 4시간 동안을 한자리에 앉아서 신묘장구대다라니를 우리와 같이 했다.

뒤에 계신 분들은 주현이를 바라보면서 힘이 더 난, 감동을 받고…

장장 56시간이다.

아침에 네 시간, 저녁에 네 시간, 일곱 날 동안에…

윗 글 놀이터

자, 여기서 그림자 있는가?

아이들이 가질만한 흔들리고 불안하고 초조감이 있는

가.

흔적이 없다.

기도의 위신력이다.

저는 어린 주현이의 이 글을 읽으면서 한없이 기쁘면서

도 눈물이 나려고 한다.

왜 그런지 모르겠다.

일산 법상스님의 대비주 수행 예화편

이 어린 아이에게서 이 글이 나오겠는가?

그 경지가 아니면 이렇게 안 나온다.

어른도 이런 글이 안 나온다.

그냥 미사여구美辭麗句로 좋은 글은 나올 것이다.

그러나 이런 글은 안 나온다.

7일7야 기도의 위신력, 굳이 말하지 않아도 아실 것이다.

25 낙태와 태아령

결핍과 부족감에서 오는 탐심은 가난을 지속시키며,

미움과 화에서 비롯된 진심은 싸움을,

의심과 탓하는 치심은 고통세계다.

남에게 하는 대로 주는 대로가 나에게 하는 것이다.

칭찬, 감사, 인정하라. 말하는 대로 삶이 열려간다.

B라는 초등학생이 있었다.

평소 이 학생은 아주 총명한 아이이다. 그런데 부모가 보기에는 늘 들떠 있고 또 혼자서 가끔씩 중얼거리는 일이 있었다.

밥도 잘 안 먹고 엄마의 말에 심하게 반항을 할 때가 가끔씩 있었다.

엄마 아빠가 보기에 이 아이의 마음 깊은 곳에 분노가 많이 쌓여 있는 것은 아닌가, 이런 생각을 하게 했다.

그러던 중, 어느 날 이 아이가 어떤 어른에게 꾸중을 들었다. 꾸중을 듣고는 무척이나 속상해 하며 분노를 표출하는가 싶더니 급기야는 다음 날 학교에 가서는 아주 심한 반응을 나타내게 되었다.

그 반응은 연필 깎는 칼을 들고 모두 죽이겠다며 날뛰는 행동을 하게 되었나. 깜짝 놀란 선생님과 부모님은 즉시 소아정신과에 입원을 시켰다.

그 이후에 상담이 이루어졌다.

[해 설]

B라는 학생을 상담하다 보니 바로 낙태영가인 수자영
가의 영향이었다.

이 낙태된 수자영가는 전생에 무관이었다.

부모님과 인연이 지중해서 이번 생에 아들로 태어나서
많은 분들에게 기여하는 삶을 살고 싶어서 학수고대 하던
끝에 부모님이 임신이 되었다.

그런데 4개월쯤 되어서 "엄마 몸속으로 날카로운 흉기
가 들어와서 '엄마 나좀 살려줘' 하는 그 외침을 외면하고
도망가는 자신의 몸을 산산조각이 나도록 난도질을 해서
죽였습니다."

이렇게 심하게 분노를 표출하면서 눈물을 흘리면서 발
악을 하듯이 이야기를 해왔습니다. "나는 큰 사명이 있는
데 태어나지도 못한 채…"

이렇게 죽고 나서 이 영혼은 분노와 공포의 에너지 덩어
리로 남게 되었다.

일산 법상스님의 대비주 수행 예화편

엄마 뱃속에 그 분노의 에너지 덩어리인 채로 머물러 있다가 동생(이 초등학생)이 태어날 때 고생을 많이 했는데 그때 같이 태어나서 동생 B를 통해서 극심한 분노를 표출하는 상태였다.

이처럼 낙태의 작용, 태아령의 작용이 우리가 알고 있는 것보다 훨씬 영향을 크게 미치고 있음을 알게 되는 것이다.

그러므로 태아령을 위해서 대비주 기도를 많이 해주어야 한다.

태아령의 영향을 받는 증상들이 있다.

인공유산을 한 집안의 가족 중에서 누군가 이해하기 힘든 행동을 하게 되는 경우가 있는데 몇 가지 공통되는 증상이 있다.

첫째는, 중요한 시기에 무력해진다.

시험을 앞두거나 또는 중요한 시험에 합격을 하였는데도 불구하고 삶의 의미가 없다, 라는 생각을 하고 죽고 싶다는 마음을 내는 경우가 있다.

세상에 태어나려 하다가 죽임을 당해 무기력해진 영혼의 모습이라고 할 수 있다.

둘째는, 어두운 곳을 좋아하게 된다.

이것은 낙태된 영혼이 어두운 곳에서 방황하는 모습을 나타내는 것이다.

셋째는, 나이가 들어 어른이 되었는데도 어린이처럼 행동한다.

우유나 과자를 지나치게 좋아한다. 어떤 경우는 어른인데도 아이들이 좋아하는 막대사탕 같은 것을 계속해서 물고 다니는 모습을 보이는 경우도 있다.

이것은 낙태된 영혼이 저 세상에서 배고파하는 모습이다.

넷째는, 손과 발이 지나치게 차갑다

낙태영가가 알몸으로 버려진 비참한 모습이다.

다섯째는, 어른들에게 특히 부모님에게 반항하며 대드는 모습이다.

그것은 자기를 죽인 것에 대한 반항으로 부모를 미워하는 마음이다.

심지어는 부모를 죽이고 싶은 마음을 알아차리고 놀라

일산 법상스님의 대비주 수행 예화편

하는 경우도 있다.

이것은 부모를 죽이고 싶은 낙태된 영가의 분노한 모습이다.

여섯째는, 친구들과 어울리지 못하고 부모와 형제들과 함께 있어도 외롭다 고독하다 견딜 수 없다, 라고 한다.

그것은 부모로부터 버림 받고 세상으로부터 버림받았다고 생각하는 낙태영가의 외로워하는 모습이다.

일곱째는, 돈을 마구 써 버린다.

그것은 자기가 자라고 공부하고 결혼할 때까지 부모가 부담해야 할 돈을 자기가 써버리는 모습이다. 성장할 때까지 필요한 금액을 물 쓰듯이 써버리고 싶어 하는 낙태된 영혼의 당돌한 모습이다.

이렇게 태아령의 영향을 받는 모습들이 가지가지 있을 수 있다.

알게 모르게 이리한 생명을 인공 유산을 한 경험이 있다면 정성껏 기도하고 천도를 해드려야 한다.

대비주를 지성으로 독송한다면 이러한 낙태영가에게도 도움을 줄 수가 있다.

26 기도 성취의 실례

소원이 있을 때 부정적 생각 말고 기도하라.

깨달음을 이루고자 할 때 기도하라.

죽고 나서 극락왕생 하기 위해 기도하라.

일심으로 기도하면 당연히 다 된다.

50대 어느 보살님의 이야기다.

대비주 10만독 성취를 하고 나서 발표한 신행수기 내용이다

이 분은 40대에 돈을 벌기 위해서 시작했던 일이 뜻대로 풀리지 않았다.

그 시절에 친한 사람들을 중심으로 계를 조직했는데 다달이 돈을 내야 하는 사람들 가운데 돈을 내지 못하는 사람들이 생겨나기 시작했고, 계를 타야 하는 사람에게는 돈을 내어 주어야 할 입장이 되었다.

그래서 대출을 받아 지급을 했고, 결국 계속해서 받을 돈들은 못 받고 주어야 할 돈은 쌓이다보니 계는 깨지고 큰 빚을 지게 되었다

그로인해 좋은 관계를 맺었던 친지들과의 관계는 엉망이 되어버렸고, 이 일로 부부간에도 갈등이 심해지기 시작했다.

엎친 데 덮친 격으로 남편이 두개골 골절상을 입어 쓰러졌다.

병원진단이 '가망이 없다' 라고 내려졌다.

또 이 부부에게는 아들이 한 명 있었는데 외아들인 이 청년은 술만 먹으면 자주 길을 헤매다가 길에서 잠을 자고 들어오는데 옷과 가방을 잃어버리고 들어오곤 한다. 이것이 술로 인한 습관인줄 알았다.

이렇게 사방이 꽉 막히고 막막했을 때 지인의 소개로 대비주를 만나게 되었다.

대비주 10만 독을 성취하겠다 원을 세우고 기도를 시작했는데 매일 49독 이상을 독송을 하며 수행법회에도 동참하여 도반들과 더불어 기도를 하고 여법하게 불공도 올리고 축원을 하며 영가시식도 올렸다.

이렇게 대비주 기도를 하기 시작하면서 의식이 없고 병원에서는 가망이 없다고 진단을 내렸던 남편의 의식이 조금씩 돌아오기 시작했다.

나중에는 왼팔에 감각은 없지만 그래도 스스로 생활할 수 있을 정도가 되어 기적 같이 퇴원을 하게 되었다.

가끔 의식을 잃고 쓰러지는 일이 있었지만 계속해서 호전이 되어 가고 있는 가운데 이 보살님은 기도를 열심히 하면서 꿈속에서 관세음보살님을 여러 번 친견하는 꿈을 꾸었다.

그 이후 남편은 정상인이 되어 직장에 다시 출근을 하게 되었다.

술에 취해 길에서 잠을 자고 들어오던 아들 문제도 신행 상담결과로 원인이 드러났는데 그것은 고등학교 때 교통사고로 죽은 아들의 친구가 이 아들에게 접근되어 있는 것으로 드러났고, 그 친구 영가를 천도해 줌으로써 술로 인해 길에서 잠을 자던 버릇이 사라졌다.

계속해서 대비주 기도를 해 나아가는 가운데 1~2년이 지나고 십만 독이 가까워질 무렵에 이 보살님이 꿈을 꾸었는데 관세음보살님께서 아들에게 하얀 진주를 소복히 내려주는 꿈을 꾸었다.

그때 마침 덕양선원에서는 독성탱화를 모시고 독성불공을 올린 적이 있었다. 그 불공 의식을 하던 중에 스님의 눈에 이 보살님을 향해 나반존자께서 마크가 선명하게 보이는 감투(관)를 자꾸 내려 주시는 것이었다.

보살님의 아들은 7전 8기로 도전한 시험에 무사히 합격을 하여, 그 선명하게 보이던 마크가 상징하는 기관에 임용이 되었다.

 ·······························

[해 설]

관세음보살님의 청량을 얻게 하는 게송 중에

전쟁에서 적군에게 포위되거나
악인에게 재물을 뺏기게돼도
지성으로 대비주를 지송한다면
저들이 자심내고 돌아가리라

벼슬하여 녹을받는 몸이되다가
옥에갇혀 칼을쓰고 묶였더라도
지성으로 대비주를 지송한다면
나라에서 은을내려 풀어주리라

길을가다 나쁜집에 머물게되어

일산 법상스님의 대비주 수행 예화편

음식에   독약넣는 해침당해도

지성으로 대비주를 지송한다면

독약은   감로수로 변해지리라

-다라니경 14-

관세음보살님의 말씀처럼 적군에게 포위된 듯이 남편이나 아들이나 경제적인 문제, 대인관계나 사방팔방으로 막혔던 답답했던 일들 속에서 이 보살님은 이렇게 대비주 기도를 하면서 풀리기 시작해서 고비를 넘기고 활로를 열게 되었다.

27 바로 지금 하라

있는 그대로의 존재, 모습을 사랑하는 것이 대자비심이다.
더 큰 사랑을 주고, 더 덮어 주고, 더 크게 키워주라.

임사체험臨死體驗이라는 용어가 있다.

죽은 것 같았는데 살아났다, 이것이 임사체험이다.

죽었다가 살아나는 것이라 말하지만 안 죽었기에 살아났을 것이다.

임사체험을 한 분들을 찾아다니고 만나 인터뷰를 해서 논문을 발표한 레이먼드 A 무디Raymond A. Moody 라는 분이 있다.

레이먼드 에이 무디는

"임사체험을 하고 살아난 사람들은, 인간이 살아 있는 동안 할 수 있는 가장 중요한 것이, 사랑을 배우는 일임을 깨닫는 것이다." 라고 그의 저서에 적고 있다.

바로 이 사랑이야말로, 우리가 세계를 변화시킬 수 있는 유일한 길이다.

죽었다가 살아난 사람들은 공통적으로 이 세상에 우리가 살면서 가장 중요한 깃이 "사랑을 깨닫는 것이 가장 중요한 일이다. 또는 사랑이 진실이라는 것을 깨닫는 것이다. 그리고 사랑을 주는 방법을 터득하는 것, 사랑을 주고 사랑을 받는 것이야말로 가장 귀한 일이다" 라고 한다.

우리가 사랑 아닌 것을 가지고 있으면, 그것으로 이로운 분이 아무도 없을 것이다.

사랑만 남겨놓고 미움이니 원망이니 다 놓아버렸을 때, 자기한테도 이로운 일이고, 다른 분한테도 이로운 길이 된다.

데비 샤피로 라는 분 역시 그의 저서에 밝히기를 "죽음의 순간에 직면했을 때, 그러니까 임종하는 자리에서, 많은 사람들은 '사랑합니다' 하는 말을 가장 듣고 싶어 한다. 그러나 이 말을 듣기 위해 죽을 때까지 기다릴 수는 없는 일이다." 라고 말하고 있다.

"사랑합니다" 라는 말을 하기 위해서, 무디나 샤피로가 이야기하는 것처럼, 죽을 때까지 기다릴 필요가 없다는 것이다.

우리에게는 사랑하는 사람들이 있다.

그 사람들에게 꾹 눌러 참았다가, 죽을 때가 되어서야

그들에게 '사랑한다' 이야기 하려고, 혹시 두고두고 아껴두는 분들은 없는지 살펴볼 일이다.

사실 죽을 그때 가서는 들을 수도, 말할 수도 없는 상황이 될 수도 있는 것이다.

그렇다면 언제 해야 될까?

바로 지금이다.

멀리 떨어져 있는 분이 있다면 머뭇거릴 필요 없이 '지금 바로' 문자로라도 보내라.

또 너무 가까이 있어 필요를 느끼지 못하는 듯한 사람에게도 지금 바로 말하라

"사랑한다, 사랑합니다." 이렇게!

사랑만이 진실이다.

대자비심이 바로 그러한 것이다.

28 자비문 : 당신을 사랑 합니다

– 이름을 부릅니다.
– 모습을 떠올립니다.

나와, 나의 조상님과 부모님과 가족들과, 인연 있는 이
들이

당신과, 당신의 조상님과 부모님과 가족들과, 인연 있는
이들에게

생각과 말과 행으로

알게 모르게

악업을 지었다면 참회합니다.

미안합니다.

용서하세요.

고맙습니다.

사랑합니다.

건강하십시오.

소원성취하십시오.

언제나 행복하십시오.

일산 법상스님의 대비주 수행 예화편

일산 법상스님의
대비주 수행 예화편

/

내 생에 단 한번 뿐인,

오늘

1판 1쇄 펴낸 날 2013년 5월 10일

지은이 일산 법상 스님 **발행인** 김재경 **기획** 김성우 **편집** 권영희 **편집디자인** 최정근
마케팅 권태형 **제작** 금강인쇄주식회사

펴낸곳 도서출판 비움과소통 서울시 영등포구 영등포동7가 29-126 포레비떼 705호 **전화** (02)2632-8739
팩스 0505-115-2068 **이메일** buddhapia5@daum.net **트위터** @kjk5555 **페이스북 ID** 김성우
홈페이지 http://blog.daum.net/kudoyukjung **출판등록** 2010년 6월 18일 제318-2010-000092호

성현과 범부가 함께 닦는 성불의 지름길!
"염불은 가장 쉬우면서도 모든 법문을 뛰어넘는다!"

상중하 모든 근기가 두루 이익을 보고, 착수하기 쉽고 성공을 높으며,
힘 적게 들이고 효과 빠르며, 만 가지 공덕을 원만히 성취하는 수행법

제불보살과 역대 조사들이 권한
원통(圓通)의 묘법
《염불수행대전》

주세규 회집
46배판 | 양장 | 2도 | 808쪽 | 38,000원

※ 전국 서점과 인터넷에서 판매

대승경전과 정토종 및 선종 조사의 염불법문 총망라
흥미진진하고도 상세한 주석으로 염불에 대한 확신과 방향 제시!

이 책은 '염불'에 관한 부처님과 보살님, 역대 고승, 거사님들의 말씀들을 모아서 해
설하거나 주석(註釋)을 단, 무려 808쪽에 달하는 이른바 '벽돌책'이다. 염불, 그중에서
도 주로 부처님의 이름을 생각하거나 부르는 칭명염불에 관한 부처님과 고승들의 고
귀한 말씀들을 회집(會集)해 놓았다. 방대한 주석에는 살며 사랑하고, 염불하며 깨달아
가는 구도자들의 생활 속의 수행지침과 감동적인 예화, 역사적인 영험록이 가득하다.

출판 및 법공양(특별할인) 문의 02-2632-8739 | 비움과소통 buddhapia5@daum.net

일반인과 수행자를 위한 행복 지침서
마음의 안락과 열반을 성취하는 실천수행

**보시 · 지계 · 출리 · 지혜 · 정진
인욕 · 진실 · 결의 · 자애 · 평온**

바라밀!

수행성취의 열 가지 조건, 십바라밀
행복에 이르는 열 가지 습관

Sujin Boriharnwanaket 저 / 정명스님 역
신국판 | 흑백 | 368쪽 | 13,800원
· 전국 서점과 인터넷에서 판매

괴로움의 소멸, 열반 증득을 위한 수행성취의 조건

불교에서는 괴로움이 소멸된 상태를 닙바나(열반)라고 하는데, 열반을 증득하려면 필요조건을 갖추어야 한다. 이 조건이 바로 십바라밀이다. 수행의 성취는 열심히만 한다고 되는 것이 아니라 바른 조건을 만나야만 이뤄진다. 그래서 구도자는 그 조건이 무엇이고 나의 수준은 어느 정도인지를 안 다음에 하나하나 이 조건들을 충족시켜 나가야 한다. 태국의 명상수행가인 Sujin Boriharnwanaket은 니까야 가운데 소부(小部)의 소송(小誦) 및 불소행장(佛所行藏)과 그 주석서를 근간으로 붓다의 수행법을 제시한다.

김천 성전사 www.jungmyeong.com 054-434-9090
비움과소통 출판 및 법공양(특별할인) 문의 02-2632-8739